住房和城乡建设领域专业人员岗位培训考核系列用书

# 城建档案管理员考试大纲·习题集

江苏省建设教育协会　组织编写

中国建筑工业出版社

**图书在版编目（CIP）数据**

城建档案管理员考试大纲·习题集/江苏省建设教育
协会组织编写. —北京：中国建筑工业出版社，2014.4
住房和城乡建设领域专业人员岗位培训考核系列用书
ISBN 978-7-112-16618-3

Ⅰ.①城… Ⅱ.①江… Ⅲ.①城市建设-档案管
理学-岗位培训-习题集 Ⅳ.①G275.9-44

中国版本图书馆 CIP 数据核字（2014）第 056766 号

本书是《住房和城乡建设领域专业人员岗位培训考核系列用书》中的一本，依
据《建筑与市政工程施工现场专业人员职业标准》编写。本书可作为城建档案岗位
考试的指导用书，又可作为施工现场相关专业人员的实用手册，也可供职业院校师
生和相关专业技术人员参考使用。

责任编辑：刘　江　岳建光　杨　杰
责任设计：张　虹
责任校对：李美娜　陈晶晶

住房和城乡建设领域专业人员岗位培训考核系列用书
城建档案管理员考试大纲·习题集
江苏省建设教育协会　组织编写
＊
中国建筑工业出版社出版、发行（北京西郊百万庄）
各地新华书店、建筑书店经销
霸州市顺浩图文科技发展有限公司制版
北京中科印刷有限公司印刷
＊
开本：787×1092 毫米　1/16　印张：10½　字数：253 千字
2014 年 9 月第一版　2015 年 3 月第四次印刷
定价：**31.00**元
ISBN 978-7-112-16618-3
（25360）

**住房和城乡建设领域专业人员岗位培训考核系列用书**

# 编审委员会

主　任：杜学伦

副主任：章小刚　陈　曦　曹达双　漆贯学

金少军　高　枫　陈文志

委　员：王宇旻　成　宁　金孝权　郭清平

马　记　金广谦　陈从建　杨　志

魏德燕　惠文荣　刘建忠　冯汉国

金　强　王　飞

# 出 版 说 明

为加强住房城乡建设领域人才队伍建设，住房和城乡建设部组织编制了住房城乡建设领域专业人员职业标准。实施新颁职业标准，有利于进一步完善建设领域生产一线岗位培训考核工作，不断提高建设从业人员队伍素质，更好地保障施工质量和安全生产。第一部职业标准——《建筑与市政工程施工现场专业人员职业标准》（以下简称《职业标准》），已于2012年1月1日实施，其余职业标准也在制定中，并将陆续发布实施。

为贯彻落实《职业标准》，受江苏省住房和城乡建设厅委托，江苏省建设教育协会组织了具有较高理论水平和丰富实践经验的专家和学者，以职业标准为指导，结合一线专业人员的岗位工作实际，按照综合性、实用性、科学性和前瞻性的要求，编写了这套《住房和城乡建设领域专业人员岗位培训考核系列用书》（以下简称《考核系列用书》）。

本套《考核系列用书》覆盖施工员、质量员、资料员、机械员、材料员、劳务员等《职业标准》涉及的岗位（其中，施工员、质量员分为土建施工、装饰装修、设备安装和市政工程四个子专业），并根据实际需求增加了试验员、城建档案管理员岗位；每个岗位结合其职业特点以及培训考核的要求，包括《专业基础知识》、《专业管理实务》和《考试大纲·习题集》三个分册。随着住房城乡建设领域专业人员职业标准的陆续发布实施和岗位的需求，本套《考核系列用书》还将不断补充和完善。

本套《考核系列用书》系统性、针对性较强，通俗易懂，图文并茂，深入浅出，配以考试大纲和习题集，力求做到易学、易懂、易记、易操作。既是相关岗位培训考核的指导用书，又是一线专业人员的实用手册；既可供建设单位、施工单位及相关高、中等职业院校教学培训使用，又可供相关专业技术人员自学参考使用。

本套《考核系列用书》在编写过程中，虽经多次推敲修改，但由于时间仓促，加之编者水平有限，如有疏漏之处，恳请广大读者批评指正（相关意见和建议请发送至 JYXH05@163.com），以便我们认真加以修改，不断完善。

# 本书编写委员会

主　　编：冯汉国

副 主 编：袁玉恒

编写人员：冯汉国　周小明　陈兰英　徐　悦　张　蕴

# 前　言

为贯彻落实住房城乡建设领域专业人员新颁职业标准，受江苏省住房和城乡建设厅委托，江苏省建设教育协会组织编写了《住房和城乡建设领域专业人员岗位培训考核系列用书》，本书为其中的一本。

城建档案工作是城乡建设事业的组成部分，是城乡建设的基础性工作；城建档案管理业务性、专业性很强，从业人员需要掌握相应的档案专业知识和一定的工程管理实践经验等。《建筑与市政工程施工现场专业人员职业标准》中虽没有纳入城建档案管理员，但考虑到其岗位的特殊性，为适应城建档案工作及从业人员的实际需求，在原《城建档案从业人员岗位培训教材》的基础上调整、修编了城建档案管理员培训考核用书。

城建档案管理员培训考核用书包括《城建档案管理员专业基础知识》、《城建档案管理员专业管理实务》、《城建档案管理员考试大纲·习题集》三本，依据国家现行城建档案法规和业务标准、规范，结合当前城乡建设工作的实际，从城建档案管理、工程文件与工程档案管理、工程识图与竣工图编制等方面系统阐述了城建档案的基本理论、基础知识和基本技能，具有较强的针对性和实用性。

本书为《城建档案管理员考试大纲·习题集》分册，供城建档案管理员学习使用，可通过习题来巩固所学基础知识和管理实务知识。全书包括城建档案管理员专业基础知识和专业管理实务的考试大纲，以及相应的练习题并提供参考答案和模拟试卷。

本书在编写和出版得到了江苏省住房和城乡建设厅建设档案办公室的大力支持，在此表示衷心感谢！

本书既可作为城建档案管理员岗位培训考核的指导用书，也可供职业院校师生和相关专业技术人员参考使用。

# 目　　录

# 第一部分

# 专业基础知识

# 一、教　学　大　纲

## 第 1 章　城建档案概述

### （一）教学内容

（1）城建档案的演变；

（2）城建档案的定义；

（3）城建档案的属性、特点；

（4）城建档案的范围和作用。

### （二）教学重点

（1）城建档案的定义；

（2）城建档案的属性；

（3）城建档案的特点；

（4）城建档案的范围和主要种类；

（5）城建档案的作用。

### （三）教学难点

（1）城建档案的属性；

（2）城建档案的特点。

### （四）教学课时

建议 2 学时

## 第 2 章　城建档案工作

### （一）教学内容

（1）我国城建档案事业的发展历史；

（2）城建档案工作的内容、任务和性质；

（3）城建档案工作的基本原则和管理体制；

（4）城建档案监督和指导的原则、内容、方式和要求；

（5）城建档案馆（室）工作的性质、基本职责和主要任务；

（6）城建档案专业人员的基本素质和要求。

## （二）教学重点

（1）城建档案工作的内容、任务和性质；
（2）城建档案工作的基本原则和管理体制；
（3）城建档案监督和指导。

## （三）教学难点

（1）城建档案监督；
（2）城建档案业务指导。

## （四）教学课时

建议 2 学时

# 第 3 章　城建档案法制

## （一）教学内容

（1）城建档案法制建设和城建档案法规体系；
（2）与城建档案工作有关的法律、法规和规章；
（3）建设法规中有关城建档案的规定。

## （二）教学重点

（1）熟悉城建档案法规体系，掌握有关城建档案工作的法律、规章及其主要内容，掌握建设工程档案管理的制度、程序与规定；
（2）掌握城建档案法律责任的概念、特点、种类与内容。

## （三）教学难点

（1）城建档案工作的法律、规章及其主要内容；
（2）城建档案法律责任的概念、特点、种类与内容。

## （四）教学课时

建议 2 学时

# 第 4 章　城建档案的管理

## （一）教学内容

（1）城建档案管理工作环节；

(2) 各工作环节中的基本任务；

(3) 熟悉有关的工作标准、技术规范。

## （二）教学重点

(1) 城建档案的收集；

(2) 城建档案的整理；

(3) 城建档案的编目；

(4) 城建档案的鉴定；

(5) 城建档案的保管与保护；

(6) 城建档案的开放与利用服务。

## （三）教学难点

(1) 城建档案的鉴定；

(2) 城建档案的保管与保护；

(3) 城建档案的开放与利用服务。

## （四）教学课时

建议 8 学时。

# 第 5 章　城建档案编研

## （一）教学内容

(1) 城建档案编研工作的意义和作用；

(2) 城建档案编研工作的特点和内容；

(3) 城建档案编研工作的基本原则和要求；

(4) 城建档案编研工作的结构和类型；

(5) 城建档案编研工作的组织和程序；

(6) 城建档案编研工作中应注意的问题。

## （二）教学重点

(1) 城建档案编研工作的基本原则和要求；

(2) 城建档案编研工作的结构和类型；

(3) 城建档案编研工作的组织和程序；

(4) 城建档案编研工作中应注意的问题。

## （三）教学难点

(1) 城建档案编研工作的基本原则和要求；

(2) 城建档案编研工作的结构和类型；

## （四）教学课时

建议 4 学时。

# 第 6 章　城建声像档案

## （一）教学内容

(1) 城建照片档案的特点、收集、管理和利用；
(2) 城建录像档案的种类、特点、摄制与管理；
(3) 城建录音档案的种类、录制方法以及管理。

## （二）教学重点

(1) 城建照片档案；
(2) 城建录像档案。

## （三）教学难点

城建录像档案；

## （四）教学课时

建议 3 学时。

# 第 7 章　城建电子文件与电子档案管理

## （一）教学内容

(1) 电子文件的定义与基本特征；
(2) 电子文件的作用和类型；
(3) 电子档案的定义、特性和标准；
(4) 城建电子文件的各个环节；
(5) 电子文件时代的人员素质要求。

## （二）教学重点

(1) 城建电子文件的收集与鉴定；
(2) 城建电子文件的整理与归档；
(3) 城建电子文件的验收与移交；
(4) 城建电子文件的安全管理；
(5) 城建电子文件的利用。

## （三）教学难点

（1）城建电子文件的收集与鉴定；

（2）城建电子文件的整理与归档；

（3）城建电子文件的利用。

## （四）教学课时

建议 4 学时。

# 第 8 章  识 图 基 础

## （一）教学内容

（1）掌握建筑的分类、建筑物的等级划分；

（2）了解房屋建筑的基本构成；

（3）熟悉房屋建筑构造；

（4）熟悉水电安装等在房屋建筑中的构造；

（5）了解建筑节能构造；

（6）掌握投影的基本概念和工程中常用的投影图；

（7）掌握形体的常见图示方法；

（8）掌握剖面图和断面图的识读。

## （二）教学重点

（1）投影的概念和工程常用的投影图；

（2）形体的常见图示方法及应用；

（3）常见剖面图、断面图的识读。

## （三）教学难点

（1）房屋建筑构造；

（2）投影形成的规律和阅读剖面图、断面图。

## （四）教学课时

建议 2 学时。

# 第 9 章  识读建筑施工图

## （一）教学内容

（1）了解工程制图的一般规定和建筑工程图的基本规定；

（2）熟悉建筑施工图的特点、形成和内容；

（3）掌握建筑总平面图的形成和内容；

（4）掌握建筑平面图的形成和内容；

（5）掌握建筑立面图的形成和内容；

（6）掌握建筑剖面图的形成和内容；

（7）掌握建筑详图的形成和内容。

## （二）教学重点

（1）工程制图的一般规定；

（2）一套完整的建筑施工图的组成内容；

（3）建筑平、立、剖面图的形成和内容。

## （三）教学难点

（1）建筑施工图的形成；

（2）建筑平、立、剖面图的识读。

## （四）教学课时

建议 1.5 学时。

# 第 10 章　识读结构施工图

## （一）教学内容

（1）了解结构施工图的基本知识；

（2）了解钢筋混凝土构件图；

（3）熟悉钢筋混凝土构件的平面整体表示法；

（4）掌握基础平面图和基础详图；

（5）熟悉楼层结构平面图基本规定；

（6）识读楼层和屋顶结构平面图；

（7）了解楼梯结构详图；

（8）掌握钢结构施工图相关知识；

（9）熟悉地质勘探图；

（10）熟悉构筑物施工图。

## （二）教学重点

（1）基础、楼层、屋顶和楼梯结构施工图；

（2）识读钢结构施工图；

（3）地质勘探图和构筑物施工图的内容。

## （三）教学难点

(1) 基础平面图和基础详图；
(2) 钢筋混凝土构件的平面整体表示法。

## （四）教学课时

建议 1.5 学时。

# 第 11 章　识读设备施工图

## （一）教学内容

(1) 了解室内给水系统的分类和组成；
(2) 了解供暖通风工程图；
(3) 熟悉室内给水管网的布置形式；
(4) 掌握室内给水、排水施工图；
(5) 掌握识读建筑电气施工图；
(6) 掌握识读煤气管道施工图。

## （二）教学重点

(1) 给水、排水施工图；
(2) 建筑电气施工图；
(3) 供暖通风工程图；
(4) 煤气管道施工图。

## （三）教学难点

(1) 室内给水管网的布置形式；
(2) 设备工程图的识读。

## （四）教学课时

建议 0.5 学时。

# 第 12 章　识读市政工程图

## （一）教学内容

(1) 了解市政工程图的基本知识；
(2) 熟悉公路路线工程图；
(3) 掌握城市道路路线工程图；

（4）了解桥梁工程施工图基本知识；

（5）掌握桥位平面图、桥梁总体布置图；

（6）掌握桥梁下部结构工程图；

（7）掌握桥梁桥面及附属结构工程图。

## （二）教学重点

（1）公路路线工程图和城市道路路线工程图；

（2）桥位平面图、桥梁总体布置图、桥梁下部结构工程图；

（3）桥梁桥面及附属结构工程图。

## （三）教学难点

（1）道路工程图的识读；

（2）桥梁工程图的识读。

## （四）教学课时

建议 1.5 学时。

# 第 13 章　编制竣工图

## （一）教学内容

（1）了解竣工图的概念；

（2）熟悉竣工图与施工图的区别；

（3）了解编制竣工图的现状及存在问题；

（4）掌握编制竣工图的意义、依据及深度；

（5）掌握编制竣工图的要求；

（6）掌握竣工图的编制方法；

（7）熟悉编制竣工图注意事项。

## （二）教学重点

（1）编制竣工图的要求；

（2）竣工图的编制方法。

## （三）教学难点

（1）竣工图与施工图的区别；

（2）编制竣工图存在的问题；

（3）编制竣工图的要求和注意事项。

## （四）教学课时

建议 1 学时。

# 二、考 试 大 纲

## 第1章　城建档案概述

基本要求：

1. 了解城建档案的演变；

2. 掌握城建档案的定义；

3. 了解城建档案的属性、特点；

4. 熟悉城建档案的范围和作用。

具体内容：

1. 城建档案的定义；

2. 城建档案的属性；

3. 城建档案的特点；

4. 城建档案的范围和主要种类；

5. 城建档案的作用。

## 第2章　城建档案工作

基本要求：

1. 了解我国城建档案事业的发展历史；

2. 熟悉城建档案工作的内容、任务和性质；

3. 熟悉城建档案工作的基本原则和管理体制；

4. 熟悉城建档案监督和指导的原则、内容、方式和要求；

5. 熟悉城建档案馆（室）工作的性质、基本职责和主要任务；

6. 了解城建档案专业人员的基本素质和要求。

具体内容：

1. 我国城建档案事业的发展回顾；

2. 城建档案工作的内容、任务和性质；

3. 城建档案工作的基本原则和管理体制；

4. 城建档案监督和指导；

5. 城建档案馆工作和城建档案室工作；

6. 城建档案专业人员队伍建设。

# 第3章 城建档案法制

基本要求：

1. 了解城建档案法制建设和城建档案法规体系；

2. 掌握与城建档案工作有关的法律、法规和规章；

3. 熟悉建设法规中有关城建档案的规定。

具体内容：

1. 了解建立健全城建档案法律法规的根本目的、作用和意义；

2. 熟悉城建档案法规体系，掌握有关城建档案工作的法律、规章及其主要内容，掌握建设工程档案管理的制度、程序与规定；

3. 掌握城建档案法律责任的概念、特点、种类与内容；

4. 掌握城建档案行政执法的概念、主体、分类、效力与程序。

# 第4章 城建档案的管理

基本要求：

1. 了解城建档案管理工作环节；

2. 掌握各工作环节中的基本任务；

3. 熟悉有关的工作标准、技术规范。

具体内容：

1. 城建档案的收集；

2. 城建档案的整理；

3. 城建档案的编目；

4. 城建档案的统计；

5. 城建档案的鉴定；

6. 城建档案的保管与保护；

7. 城建档案的缩微；

8. 城建档案的修复；

9. 城建档案的开放与利用服务。

# 第5章 城建档案编研

基本要求：

1. 了解城建档案编研工作的意义和作用；

2. 掌握城建档案编研工作的特点和内容；

3. 掌握城建档案编研工作的基本原则和要求；

4. 熟悉城建档案编研工作的结构和类型；

5. 熟悉城建档案编研工作的组织和程序；

6. 了解城建档案编研工作中应注意的问题。

具体内容：

1. 城建档案编研工作的意义和作用；

2. 城建档案编研工作的特点和内容；

3. 城建档案编研工作的基本原则和要求；

4. 城建档案编研工作的结构和类型；

5. 城建档案编研工作的组织和程序。

# 第6章　城建声像档案

基本要求：

1. 了解城建照片档案的特点、收集、管理和利用；

2. 了解城建录像档案的种类、特点、摄制与管理；

3. 了解城建录音档案的种类、录制方法以及管理。

具体内容：

1. 城建照片档案；

2. 城建录像档案；

3. 城建录音档案。

# 第7章　城建电子文件与电子档案管理

基本要求：

1. 了解电子文件的定义与基本特征；

2. 了解电子文件的作用和类型；

3. 了解电子档案的定义、特性和标准；

4. 熟悉城建电子文件的各个环节；

5. 了解电子文件时代的人员素质要求。

具体内容：

1. 电子文件的定义与基本特征；

2. 电子文件的作用和类型；

3. 电子档案概述；

4. 城建电子文件的收集与鉴定；

5. 城建电子文件的整理与归档；

6. 城建电子文件的验收与移交；

7. 城建电子文件的安全管理；

8. 城建电子文件的利用；

9. 电子文件时代的人员素质。

# 第8章 识图基础

**基本要求**

1. 了解建筑的基本构成和节能构造；
2. 熟悉建筑的构造和要求；
3. 掌握建筑的分类、分级；
4. 掌握投影的概念和工程常用的投影图；
5. 掌握形体的常见图示方法和剖面图、断面图。

**具体内容**

1. 建筑的分类、建筑物的等级划分；
2. 房屋建筑的基本构成；
3. 房屋建筑构造；
4. 水电安装等在房屋建筑中的构造；
5. 建筑节能构造；
6. 投影的基本概念和工程中常用的投影图；
7. 形体的常见图示方法；
8. 剖面图和断面图。

# 第9章 识读建筑施工图

**基本要求**

1. 了解房屋施工图的特点；
2. 熟悉建筑施工图的形成和组成内容；
3. 掌握建筑总平面图的形成和内容；
4. 掌握建筑平、立、剖面图的形成和内容；
5. 掌握建筑详图的内容。

**具体内容**

1. 工程制图的一般规定；
2. 建筑工程图的基本规定；
3. 建筑总平面图；
4. 建筑平、立、剖面图；
5. 建筑详图的内容。

# 第10章 识读结构施工图

**基本要求**

1. 了解结构施工图的基本知识；
2. 熟悉地质勘探图和构筑物施工图的内容；

3. 掌握钢筋混凝土构件的平面整体表示法；

4. 掌握基础、楼层、屋顶和楼梯结构施工图；

5. 掌握识读钢结构施工图。

具体内容

1. 结构施工图的基本知识；

2. 钢筋混凝土构件图；

3. 钢筋混凝土构件的平面整体表示法；

4. 基础平面图和基础详图；

5. 楼层结构平面图概述；

6. 楼层和屋顶结构平面图；

7. 楼梯结构详图

8. 钢结构施工图；

9. 地质勘探图；

10. 构筑物施工图。

# 第11章  识读设备施工图

基本要求

1. 了解室内给水系统的分类和组成；

2. 了解供暖通风工程图；

3. 熟悉室内给水管网的布置形式

4. 掌握室内给水、排水施工图；

5. 掌握识读建筑电气施工图；

6. 掌握识读煤气管道施工图。

具体内容

1. 室内给水系统的分类和组成；

2. 室内给水管网的布置形式；

3. 室内给水、排水施工图；

4. 建筑电气施工图；

5. 供暖通风工程图；

6. 煤气管道施工图。

# 第12章  识读市政工程图

基本要求

1. 了解市政工程图的基本知识；

2. 熟悉桥梁工程施工图基本知识；

3. 掌握公路路线工程图和城市道路路线工程图；

4. 掌握桥位平面图、桥梁总体布置图、桥梁下部结构工程图和桥梁桥面及附属结构工程图。

　　具体内容

　　1. 市政工程图的基本知识；

　　2. 公路路线工程图；

　　3. 城市道路路线工程图；

　　4. 桥梁工程施工图概述；

　　5. 桥位平面图、桥梁总体布置图；

　　6. 桥梁下部结构工程图；

　　7. 桥梁桥面及附属结构工程图。

# 第13章　编制竣工图

基本要求

1. 了解编制竣工图的现状及问题；

2. 熟悉编制竣工图的意义、依据及深度；

3. 掌握编制竣工图的要求和注意事项；

4. 掌握竣工图的编制方法。

具体内容

1. 竣工图的概念及竣工图与施工图的区别；

2. 编制竣工图的现状及问题；

3. 编制竣工图的意义、依据及深度；

4. 编制竣工图的要求；

5. 竣工图的编制方法；

6. 编制竣工图注意事项。

# 三、习 题

## 第1章　城建档案概述

### 一、单项选择题

1. 基本建设档案的概念在我国出现的年代是：（　　）。
A. 20世纪50年代末　　　　　　　　B. 20世纪60年代初
C. 20世纪60年代末　　　　　　　　D. 20世纪70年代初
2. 城市建设档案的概念在我国出现的年代是：（　　）。
A. 20世纪60年代末　　　　　　　　B. 20世纪70年代初
C. 20世纪70年代末　　　　　　　　D. 20世纪80年代中
3. 城建档案一般以（　　）成套。
A. 单位　　　　　B. 时间　　　　　C. 问题　　　　　D. 项目
4. 城建档案的范围是由城建档案定义的（　　）所决定的。
A. 内涵　　　　　B. 含义　　　　　C. 外延　　　　　D. 属性
5. 城建档案定义的三个基本要素是：形成者、（　　）、载体形式的多样性。
A. 应当归档保存　　B. 具有保存价值　　C. 历史记录　　D. 文件材料
6. 城建档案的本质属性是（　　）。
A. 原始记录性　　B. 社会性　　　　C. 知识性　　　　D. 价值性

### 二、多项选择题

1. 城建档案定义包含的基本要素是（　　）。
A. 形成者　B. 来源　　C. 具有保存价值　D. 载体形式多样　E. 历史记录
2. 城建档案是人们在城乡规划、（　　）、（　　）、科研工作等活动中形成的，对国家和社会具有保存价值的文字、图纸、图表、（　　）以及特定实物等各种形式和载体的历史记录。
A. 设计　　　　B. 建设　　　C. 施工　　　D. 管理　　　E. 声像
3. 城建档案的属性主要有（　　）。
A. 原始记录性　B. 知识性　　C. 信息性　　D. 地域性　　E. 社会性
4. 城建档案的直接载体形式有（　　）等。
A. 视频　　　　B. 数码　　　C. 录像　　　D. 磁带　　　E. 硬盘
5. 城建档案的间接载体形式有（　　）等。
A. 摄影　　　　B. 录音　　　C. 纸张　　　D. 光盘　　　E. 胶片

6. 城建档案同其他档案相比，有其自身的特点，主要表现为（　　　）。

A. 综合性　　　B. 成套性　　　C. 专业性　　　D. 动态性　　　E. 社会性

7. 城建档案的专业性特点集中表现在（　　　）等方面。

A. 形成单位　　B. 形成范围　C. 形成过程　D. 内容性质　E. 载体形式

8. 城建档案的范围，从来源划分（　　　）等。

A. 学校建筑档案　　　　　B. 住宅建筑档案　　　　　C. 园林建设档案

D. 城乡规划档案　　　　　E. 医院建筑档案

9. 城建档案的范围，从内容划分（　　　）等。

A. 党政机关建筑档案　　　B. 城市测绘档案　　　　C. 房地产管理档案

D. 商业建筑档案　　　　　E. 市政基础设施工程档案

10. 城建档案的作用，主要体现在（　　　）。

A. 是进行城市规划工作的前提　　　　　B. 是城市建设管理工作的重要依据

C. 是征用土地、房地产权产籍的法律凭证　　D. 是城市科学研究的重要资源

E. 是提高城市建设经济效益的最佳途径

11. 城建档案作用的性质，主要有（　　　）等方面。

A. 依据性　　　B. 参考性　　　C. 知识性　　　D. 凭证性　　　E. 研究性

12. 城建档案的依据作用的效果，可以为利用者起到的作用是（　　　）。

A. 节省时间　　　　　　　B. 提高工作效率　　　　　C. 节约经费

D. 提供法律凭证　　　　　E. 创造出更好的经济效益

## 三、判断题

1. 保存价值是城建档案存在的内在依据，也是城建文件转化为城建档案的前提条件。
（　　　）

2. 城建档案是城市建设实践活动的一般记录。（　　　）

3. 原始记录性是城建档案的重要属性，它决定了城建档案与其他文献资料有着明显的联系。（　　　）

4. 城建档案的参考性主要体现在它的凭证作用较其他记录更可靠。（　　　）

5. 城建活动的成果有两个方面：一是物质成果，即建设工程产品；另一是技术成果，即城建档案。（　　　）

6. 城建档案作用的特点在于它具有高度的原始性和最大的可靠性。（　　　）

7. 城建档案是建设工程改造、改建、扩建、维修的重要依据。（　　　）

8. 城建档案的凭证作用，是由城建档案的形成载体材料所决定的。（　　　）

9. 城建档案很难成为调查、取证和处理问题解决矛盾的证据。（　　　）

# 第2章　城建档案工作

## 一、单项选择题

1. 我国第一个关于加强管理城市基本建设档案的文件，由国务院于（　　　）批转。

A. 1960 年 12 月　　　　　　　　　　B. 1961 年 1 月

C. 1961 年 12 月　　　　　　　　　　D. 1962 年 6 月

2. 国务院于 1980 年 12 月批准的（　　），正式在国家法规中明确提出了大中城市应当建立城市基本建设档案馆。

A.《城市建设档案管理办法》　　　　B.《科学技术档案工作条例》

C.《城市建设档案管理规定》　　　　D.《城市建设档案条例》

3.（　　），国家城乡建设环境保护部印发了《城市建设档案分类大纲》，统一了全国城建档案的类别划分标准和名称。

A. 1982 年 8 月　　B. 1983 年 4 月　　C. 1984 年 4 月　　D. 1988 年 1 月

4. 1986 年 9 月，城乡建设环境保护部在（　　）召开了新中国成立以来第一次全国城建档案工作会议。

A. 长沙　　　　　　B. 青岛　　　　　C. 呼和浩特　　　D. 开封

5. 1987 年 9 月，档案工作第（　　）部法律《中华人民共和档案法》颁布。

A. 一　　　　　　　B. 二　　　　　　C. 三　　　　　　D. 四

6. 我国第一部全国性城市建设档案管理规章《城市建设档案管理暂行规定》，由（　　）颁布。

A. 国家档案局　　　　　　　　　　　B. 国务院

C. 国家建设部　　　　　　　　　　　D. 国家档案局、城乡建设环境保护部

7.（　　），建设部批准的城建档案信息研究会会刊《城建档案》正式创刊。

A. 1990 年 12 月　　　　　　　　　　B. 1991 年 12 月

C. 1992 年 8 月　　　　　　　　　　D. 1993 年 2 月

8.（　　），建设部在办公厅设立城建档案工作办公室，管理全国城建档案工作。

A. 1990 年 2 月　　B. 1990 年 12 月　　C. 1991 年 12 月　　D. 1992 年 6 月

## 二、多项选择题

1. 在 1959 年、1960 年召开的（　　）、（　　）会议，提出了城建档案初步理论。

A. 大连　　　　B. 长沙　　　　C. 哈尔滨　　　D. 青岛　　　　E. 开封

2. 建设部为加强全国城建档案业务标准和规范建设，先后发布了如下标准（　　）。

A.《城市建设档案著录规范》　　　　　B.《建设工程文件归档整理规范》

C.《建设电子文件与电子档案管理规范》　　D.《声像档案管理规范》

E.《城建档案业务管理规范》

3. 1997 年，建设部《城市建设档案馆目标管理考评办法》规定，城市建设档案馆目标管理的等级有（　　）。

A. 国家一级　　B. 国家二级　　　C. 国家三级　　　D. 省一级　　　E. 省二级

4. 城建档案工作的内容主要包括：（　　）。

A. 城建档案馆（室）工作　　　B. 城建档案行政管理工作

C. 城建档案法规标准建设工作　　D. 城建档案教育培训工作

E. 城建档案开发利用工作

5. 城建档案工作的性质是（　　）。

A. 管理性　　　B. 服务性　　　　C. 业务性　　　D. 专业性　　　E. 政治性

6. 城建档案监督工作的对象是（　　）。

A. 城建档案形成者　　　　B. 城建档案管理者　　　　C. 城建档案利用者

D. 下级城建档案机构　　　E. 同级城建档案机构

7. 我国城建档案法规规定了城建档案的（　　）。

A. 所有权　　　B. 保管权　　　C. 公布权　　　D. 利用权　　　E. 使用权

8. 城建档案监督，必须遵循的原则有（　　）。

A. 制度化　　　B. 常态化　　　C. 系统化　　　D. 灵活性　　　E. 联合性

9. 城建档案监督的内容，主要有以下几个方面（　　）。

A. 宣传贯彻法规　　　　　B. 监督检查法规实施情况　　　C. 对监督对象进行指导

D. 调查处理违法案件　　　E. 没收违法所得

10. 城建档案业务指导的依据是（　　）。

A. 国家法规　　　B. 业务规范　　　C. 技术标准　　　D. 规章制度　　　E. 内部文件

11. 城建档案业务指导的作用有（　　）。

A. 引导作用　　　B. 帮助作用　　　C. 示范作用　　　D. 规范作用　　　E. 督促作用

12. 城建档案业务指导的原则有（　　）。

A. 统一指导　　　B. 专业指导　　　C. 分级指导　　　D. 分类指导　　　E. 重点指导

13. 城建档案业务指导按照不同标准和方法，分为（　　）。

A. 宏观指导　　　B. 微观指导　　　C. 文件指导　　　D. 会议指导　　　E. 专人指导

14. 城建档案馆重点管理的档案范围是（　　）。

A. 城乡建设工程档案　　B. 建设系统业务管理档案和业务技术档案

C. 基础资料　　　　　　D. 图书资料　　　　　　E. 实物

15. 专业技术人员接受继续教育的方式有（　　）。

A. 参加培训班、研修班或者进修班　　B. 接受远程教育

C. 参加相关的继续教育实践活动　　D. 参加学术会议、学术讲座、学术访问　　E. 自学

## 三、判断题

1. 城建档案工作的基本任务，归纳起来，就是"科学管理，开发利用"八个字。（　　）

2. 城建档案工作的基本原则是加强领导、分别管理，维护城建档案的科学发展。（　　）

3. 国务院建设行政主管部门负责全国城建档案管理工作，业务上受国家档案部门的监督、指导。（　　）

4. 市建设行政主管部门应当设置城建档案工作管理机构，配备相应的城建档案管理人员，负责全市城建档案工作。（　　）

5. 城市的建设行政主管部门不可以委托城建档案馆负责城建档案工作的日常管理工作。（　　）

6. 维护城建档案的完整、准确、系统是城建档案管理的一般要求。（　　）

7. 城建档案工作基本原则的三个方面内容是辩证统一的有机整体。（　　）

8. 市、县城建档案馆不可进行宏观管理，只是进行日常微观管理的城建档案管理机构。（　　）

9. 市级以上城建档案管理机构对城建档案工作没有监督、指导和检查的职责。（　　）

10. 城建档案监督是法律赋予城建档案管理机构的一种行政管理职责。（　　）

11. 城建档案业务指导是城建档案行政管理可进行也可不开展的工作环节。（　　）

12. 城建档案业务指导的性质，主要是实施引导、示范和规范。（　　）

13. 城建档案馆是以城市为单位设立的国家专门档案馆，是国家法定的永久保管城建档案的专门机构。（　　）

14. 建设系统城建档案室是永久保存和管理本单位城建档案的一个内部机构。（　　）

15. 城建档案室应当定期向综合档案馆移交应长期和永久保存的重要城建档案。（　　）

16. 城建档案室可以向社会开放提供档案利用。（　　）

17. 专业技术人员接受继续教育的时间，应当每年累计不少于一周或者40学时。（　　）

# 第3章　城建档案法制

## 一、单项选择题

1. 建设部于1997年12月颁布的有关城建档案的第一个部长令是（　　）。

A.《城市建设档案管理办法》　　　　B.《城市建设档案管理暂行规定》

C.《城市建设档案管理规定》　　　　D.《城市建设档案工作条例》

2.《中华人民共和国档案法》第八条规定：中央和县级以上地方各级各类档案馆，是集中管理档案的文化事业机构，负责（　　）、收集、整理保管和提供利用各分管范围内的档案。

A. 产生　　　　　B. 形成　　　　　C. 接收　　　　　D. 归集

3.《中华人民共和国档案法》第九条规定，在档案的收集、整理、保护和提供利用等方面成绩显著的单位或者个人，由（　　）给予奖励。

A. 各级人民政府　　　　　　　　　B. 上级主管部门

C. 档案行政主管部门　　　　　　　D. 建设行政主管部门

4.《中华人民共和国档案法》第二十一条规定，向档案馆移交、捐赠、寄存档案的单位和个人，对其档案享有（　　）利用的权利。

A. 优先　　　　B. 无偿　　　　C. 优先和无偿　　　　D. 优先和有偿

5.《中华人民共和国档案法实施办法》自（　　）起施行。

A. 1990年10月24日　　　　　　　B. 1990年11月19日

C. 1999年6月7日　　　　　　　　D. 发布之日

6.《中华人民共和国档案法实施办法》第二十条规定，各级国家档案馆保管的档案应当按照《档案法》的有关规定，分期分批地向社会开放，并同时公布（　　）。

A. 所有档案的目录　　　　　　　　B. 开放档案的目录

C. 重要档案的目录　　　　　　　　D. 珍贵档案的目录

7.《江苏省档案管理条例》自（　　）起施行。

A. 1998年11月1日　　　　　　　　B. 1998年12月1日

C. 1999年1月1日　　　　　　　　D. 发布之日

8.《江苏省档案管理条例》第十四条规定，工程项目的（　　　），应当妥善管理在建设过程中形成的档案。

A. 产权单位　　　B. 建设单位　　　C. 施工单位　　　D. 监理单位

9.《江苏省档案管理条例》第二十七条规定，中华人民共和国公民和组织凡持合法有效证件或者证明的，可以利用档案馆（　　　）。

A. 所有的档案　　　B. 已开放的档案　　　C. 未开放的档案

10.《江苏省工程建设管理条例》第三十条规定，建设单位或者个人违反本条例第九条规定，未报送工程建设档案资料的，由县级以上人民政府（　　　）责令限期改正，并处以一万元以上十万元以下的罚款。

A. 建设行政主管部门　　　　　　　　B. 档案行政主管部门

C. 城建档案管理机构　　　　　　　　D. 行政主管部门

11. 建设部《城市建设档案管理规定》自（　　　）起施行。

A. 1997 年 12 月 23 日　　　　　　　B. 1998 年 1 月 1 日

C. 2001 年 7 月 4 日　　　　　　　　D. 发布之日

12. 建设部《城市建设档案管理规定》第三条规定，县级以上地方人民政府（　　　）行政主管部门负责本行政区域内的城建档案管理工作。

A. 档案　　　　B. 规划　　　　C. 建设　　　　D. 城建档案

13. 根据《城市建设档案管理规定》第十三条的规定，有关单位和个人无故延期或不按规定归档、报送，或者涂改、伪造城建档案的由（　　　）依法查处。

A. 档案行政主管部门　　　　　　　　B. 建设行政主管部门

C. 城建档案管理部门　　　　　　　　D. 人民政府

14.《城市建设档案管理规定》第十四条规定：建设工程竣工验收后，建设单位未按照本规定移交建设工程档案的，依照（　　　）的规定处罚。

A.《中华人民共和国档案法》　　　　B.《建设工程质量管理条例》

C.《科学技术档案工作条例》　　　　D.《中华人民共和国档案法实施办法》

15.《江苏省城建档案管理办法》自（　　　）起施行。

A. 2002 年 10 月 11 日　　　　　　　B. 2002 年 12 月 1 日

C. 2003 年 1 月 1 日　　　　　　　　D. 发布之日

16.《江苏省城建档案管理办法》第二条第一款规定：在本省行政区域（　　　）、管理、利用城建档案的单位和个人，应当遵循本办法。

A. 产生　　　　B. 形成　　　　C. 接收　　　　D. 收集

17.《江苏省城建档案管理办法》第六条规定：县级以上人民政府建设行政主管部门的（　　　）是集中管理城建档案的事业机构，负责本行政区域内城建档案的接收、收集、整理、保管和利用等业务工作，并对城建档案的形成、管理等工作进行技术业务指导。

A. 城建档案馆　　　B. 城建档案室　　　C. 城建档案馆（室）　　　D. 档案室

18.《江苏省城建档案管理办法》第十一条规定，向城建档案馆（室）移交的城建档案应当完整准确、图形清晰、字迹工整，有利于（　　　）保存。

A. 永久　　　　B. 长期　　　　C. 长久　　　　D. 定期

19.《江苏省城建档案管理办法》第十三条第三款规定，监理单位应当及时收集、整理在工程建设监理过程中形成的档案，并在竣工验收前移交（　　）。

    A. 城建档案部门              B. 建设单位

    C. 施工单位                   D. 建设行政主管部门

20.《江苏省城建档案管理办法》第十四条第三款规定，城建档案接收专用章由（　　）统一制作。

    A. 省城建档案部门          B. 省档案部门

    C. 省建设行政主管部门      D. 省人民政府

21. 根据《江苏省城建档案管理办法》第二十条的规定，城建档案馆（室）对破损或者变质的档案应当及时采取（　　）措施。

    A. 抢救        B. 弥补        C. 补救         D. 修补

22. 根据《江苏省城建档案管理办法》第二十八条的规定，城建档案馆（室）应根据城乡规划、建设、管理工作的需要，编制必要的（　　）资料和参考资料。

    A. 编研        B. 检索        C. 索引         D. 目录

23.《江苏省城建档案管理办法》第二十八条规定：城建档案馆（室）应当定期向社会公布可以开放的档案目录，并根据城乡规划、建设、管理工作的需要，编制必要的检索资料和参考资料，向社会提供服务，其收费标准由省物价行政主管部门会同（　　）制定。

    A. 省城建档案部门         B. 省档案部门

    C. 省建设行政主管部门      D. 省档案行政主管部门

24. 城建档案法律责任是指（　　）由于违反城建档案法律、法规的相关条款，按照城建档案法律、法规必须承担的法律后果。

    A. 行为人      B. 行为主体     C. 法人        D. 责任人

25. 城建档案行政执法主体是（　　）。

    A. 县级以上建设行政主管部门      B. 县级以上档案行政主管部门

    C. 县级以上人民政府            D. 县级以上城建档案管理机构

26. 城建档案行政责任的核心是（　　）。

    A. 行政处分     B. 行政处罚     C. 行政罚款      D. 行政检查

27. 召开听证会属于城建档案行政执法程序中的（　　）程序。

    A. 立案        B. 调查        C. 处理         D. 执行

28. 建设单位或个人违反规定，未报送工程建设档案资料的，由县级以上人民政府建设行政主管部门责令限期改正，并处以（　　）罚款。

    A. 1 万元以上 3 万元以下      B. 1 万元以上 5 万元以下

    C. 1 万元以上 10 万元以下    D. 3 万元以上 10 万元以下

29. 损毁、丢失属于国家所有的档案的，由县级以上档案管理部门给予警告，可以对单位处以（　　）罚款。

    A. 1 千元以上 3 万元以下     B. 3 千元以上 3 万元以下

    C. 1 万元以上 3 万元以下     D. 1 万元以上 5 万元以下

30. 地下管线专业管理单位违反规定，未移交地下管线工程档案的，由建设主管部门责令改正，处（　　）的罚款。

A. 3 万元以下　　B. 5 万元以下　　C. 1 万元以下　　　　D. 10 万元以下

31.《江苏省档案管理条例》第二十五条规定，属于国家所有的档案，由（　　）或者有关机关公布。

A. 人民政府　　　B. 档案馆　　　　C. 国家授权的档案馆　D. 档案管理机构

32.《江苏省档案管理条例》第二十五条规定，集体或者个人所有的档案，（　　）有权公布。

A. 人民政府　　　B. 档案馆　　　　C. 档案管理机构　　　D. 档案所有者

33. 根据《城市建设档案管理规定》第十三条的规定，有关单位和个人无故延期或不按规定归档、报送城建档案的由（　　）依法查处。

A. 档案行政主管部门　　　　　　　B. 建设行政主管部门

C. 城建档案管理部门　　　　　　　D. 人民政府

34. 根据《城市建设档案管理规定》第十三条的规定，有关单位和个人涂改、伪造城建档案的由（　　）依法查处。

A. 档案行政主管部门　　　　　　　B. 建设行政主管部门

C. 城建档案管理部门　　　　　　　D. 人民政府

## 二、多项选择题

1.《中华人民共和国档案法》（　　）9 月 5 日第六届全国人民代表大会常务委员会第二十二次会议通过，1996 年 7 月 5 日第八届全国人民代表大会常务委员会第二十次会议修正，自（　　）起施行。

A. 1985 年　　　　　　　　B. 1987　　　　　　　C. 1988 年 1 月 1 日

D. 1988 年 12 月 1 日　　　E. 1986 年

2.《中华人民共和国档案法》第三条规定：一切（　　）都有保护档案的义务。

A. 国家机关　　B. 武装力量　　C. 政党　　D. 企业事业单位　　E. 公民

3.《中华人民共和国档案法》第五条规定，档案工作实行（　　）、（　　）的原则，维护档案完整与安全，便于社会各方面的利用。

A. 统一领导　　　　　　B. 集中统一领导　　　C. 分级管理

D. 集中管理　　　　　　E. 分成管理

4.《中华人民共和国档案法》第十九条规定，档案馆应当定期公布（　　）的目录，并为档案的利用创造条件，简化手续，提供方便。中华人民共和国公民和组织持有合法证明，可以利用（　　）的档案。

A. 所有档案　　　　　　B. 开放档案　　　　　C. 未开放档案

D. 已经开放　　　　　　E. 所有

5.《中华人民共和国档案法实施办法》1990 年 10 月 24 日国务院批准，1990 年 11 月 19 日国家档案局第（　　）号令发布，1999 年 5 月 5 日国务院批准修订，1999 年 6 月 7 日国家档案局第 5 号令重新发布，自（　　）起施行。

A. 5　　　　　　　　　　B. 1　　　　　　　　C. 发布之日

D. 1990 年 12 月 1 日　　E. 1990 年 11 月 28 日

6.《中华人民共和国档案法实施办法》第二十九条规定，违反《档案法》和本办法，造成档案损失的，由县级以上人民政府（　　）根据损失档案的价值，责令赔偿损失。

　　A. 档案行政管理部门　　　B. 档案管理机构　　　C. 有关主管部门

　　D. 城建档案管理机构　　　E. 档案业务指导部门

　　7. 《科学技术档案工作条例》第十六条规定，科技档案的保管期限，分为（　　）三种。

　　A. 永久　　　B. 长期　　　C. 定期　　　D. 不定期　　　E. 短期

　　8. 《科学技术档案工作条例》第二十八条规定，大中城市应当建立城市基本建设档案馆，收集和保管本城市应当（　　）和（　　）保存的基本建设档案。

　　A. 短期　　　B. 长期　　　C. 永久　　　D. 定期　　　E. 不定期

　　9. 《江苏省档案管理条例》（　　）江苏省第九届人民代表大会常务委员会第四次会议通过，（　　）起施行。

　　A. 1997 年 8 月 28 日　　　B. 1998 年 8 月 20 日　　　C. 1998 年 8 月 28 日

　　D. 1998 年 11 月 1 日　　　E. 1998 年 12 月 11 日

　　10. 《城市建设档案管理规定》1997 年 12 月 23 日建设部令第（　　）号发布，2001 年 7 月 4 日建设部第（　　）号部令决定修改。

　　A. 1　　　B. 61　　　C. 5　　　D. 90　　　E. 6

　　11. 《城市地下管线工程档案管理办法》2005 年 1 月 7 日建设部令第（　　）号发布，自（　　）起施行。

　　A. 1　　　　　　B. 136　　　　　　C. 2005 年 5 月 15 日

　　D. 2005 年 5 月 1 日　　　E. 2005 年 5 月 3 日

　　12. 《江苏省城建档案管理办法》以江苏省政府令（　　）号于（　　）年 12 月 1 日颁布。

　　A. 190　　　B. 196　　　C. 198　　　D. 2002 年　　　E. 2003 年

　　13. 《江苏省城建档案管理办法》（　　）年 10 月 11 日江苏省人民政府令第 196 号颁布，（　　）起施行。

　　A. 2002 年　　　　　　B. 2004 年　　　　　　C. 2004 年 12 月 1 日

　　D. 2002 年 12 月 1 日　　　E. 2003 年 12 月 1 日

　　14. 《江苏省城建档案管理办法》第二条第二款规定，本办法所称城建档案，是指在城市和乡镇规划、建设和管理活动中直接形成的，对国家和社会有保存价值的各种（　　）等不同载体形式的历史纪录，以及相关资料。

　　A. 文字　　　B. 图纸　　　C. 图表　　　D. 声像　　　E. 影视

　　15. 《江苏省城建档案管理办法》第三条规定：城建档案工作按照（　　）的要求，确保城建档案的（　　）、准确、系统、安全和有效利用。

　　A. 集中管理　　B. 集中统一管理　　C. 统一管理　　D. 齐全　　E. 完整

　　16. 《江苏省城建档案管理办法》第八条规定，城建档案馆（室）应当接收的城建档案的范围包括（　　）。

　　A. 建设工程档案，包括各类新建、改建、扩建和恢复建设的土木工程、建筑工程、线路管道和设备安装工程及装修工程等档案

　　B. 城乡规划、建设、管理过程中形成的业务管理档案和业务技术档案

C. 有关城乡规划、建设、管理的基础资料和科学研究成果

D. 城乡规划、建设、管理的历史资料

E. 其他具有保存价值的城建档案

17.《建设工程文件归档整理规范》规定：城建档案管理机构应对工程文件的立卷归档工作进行（　　）。

    A. 监督　　　B. 检查　　　C. 指导　　　D. 帮助　　　E. 服务

18. 建立健全城建档案法制的根本目的是（　　）。

    A. 保证城建档案集中统一管理　　　B. 保证依法管档　　　C. 提高城建档案管理水平

D. 保证城建档案工作服务于政府和公众　　　E. 有利于开展档案工作

19. 建立健全城建档案法制的作用和意义是：（　　）。

    A. 依法开展城建档案管理工作的需要

B. 维护和保障城建档案工作参与各方权利与义务的需要

C. 全面提高城建档案管理水平的需要

D. 有利于开展档案工作的需要

E. 保证城建档案集中统一管理的需要

20. 城建档案法规体系由国家法律、（　　）和规范性文件等六个层面的内容构成。

    A. 行政法规　　　　　　　　B. 部门规章　　　C. 政府规章

D. 地方法规　　　　　　　　E. 地方规章

21.《中华人民共和国档案法》第十九条规定，国家档案馆保管的档案一般应当自形成之日起满（　　）向社会开放。经济、科学、技术、文化等类档案向社会开放的期限，（　　），涉及国家安全或者重大利益以及其他到期不宜开放的档案向社会开放的期限，可以多于三十年，具体期限由国家档案行政管理部门制订，报国务院批准施行。

    A. 三十年　　　　　　　　B. 五十年　　　C. 可以少于三十年

D. 必须满三十年　　　　　E. 少于五十年

22. 根据《中华人民共和国档案法》第二十四条的规定，有下列哪些行为之一的，由县级以上人民政府档案管理部门、有关主管部门对直接负责的主管人员或者其他直接责任人员依法给予行政处分；构成犯罪的，依法追究刑事责任：

    A. 损毁、丢失属于国家所有的档案的

B. 擅自提供、抄录、公布、销毁属于国家所有的档案的

C. 涂改、伪造档案的

D. 明知所保存的档案面临危险而不采取措施，造成档案损失的

E. 档案工作人员玩忽职守，造成档案损失的

23.《中华人民共和国档案法实施办法》第二十八条规定，《档案法》第二十四条第二款、第三款规定的罚款数额，根据有关档案的价值和数量，对单位为（　　），对个人为（　　）。

    A. 1 万元以上 5 万元以下　　B. 1 万元以上 10 万元以下　　C. 500 元以上 5000 元以下

D. 500 元以下　　　　　　　E. 5000 元以上 1 万元以下

24.《中华人民共和国档案法实施办法》第二十三条规定，《档案法》第二十二条所称档案的公布，是指通过下列形式首次向社会公开档案的全部或者部分原文，或者档案记载

的特定内容（　　）。

　　A. 通过报纸、刊物、图书、声像、电子等出版物发表

　　B. 通过电台、电视台播放

　　C. 通过公众计算机信息网络传播

　　D. 出版发行档案史料、资料的全文或者摘录汇编

　　E. 公开出售、散发或者张贴档案复制件

　　25.《江苏省档案管理条例》第二十八条规定，有下列行为之一的，由县级以上档案管理部门、有关主管部门责令其改正；逾期不改的，对单位直接负责的主管人员和其他责任人员依法给予行政处分；构成犯罪的，依法追究刑事责任（　　）。

　　A. 档案工作没有实行统一管理，未按有关规定建立档案的

　　B. 违反本条例第十六条、第十七条规定，不按规定归档或者不按期移交档案的

　　C. 档案库房缺乏保护设施，危及档案完整与安全以及明知档案面临危险而不采取措施，造成档案损失的

　　D. 档案工作人员玩忽职守、泄露秘密，造成档案损失的

　　E. 违反第二十二条，档案保密规定建立档案保密制度的

　　26. 按照《城市建设档案管理规定》第五条的规定，城建档案馆重点管理下列档案资料（　　）。

　　A. 各类城市建设工程档案

　　B. 房地产权属档案

　　C. 建设系统各专业管理部门形成的业务管理和业务技术档案

　　D. 有关城市规划、建设及其管理的方针、政策、法规、计划方面的文件、科学研究成果和城市历史、自然、经济等方面的基础资料。

　　E. 城市声像档案

　　27.《城市建设档案管理规定》第十条规定，建设系统各专业管理部门形成的业务管理和业务技术档案，凡具有永久保存价值的，在本单位保管使用一至五年后，按本地规定（　　）。有长期保存价值的档案，由城建档案馆（　　）。

　　A. 全部向城建档案馆移交　　　　B. 根据需要向城建档案馆移交

　　C. 根据城市建设的需要选择接收　　D. 由各部门根据需要移交

　　E. 与形成档案的部门、单位协商移交

　　28.《城市建设档案管理规定》第十三条规定：违反本规定有下列行为之一的，由建设行政主管部门对直接负责的主管人员或者其他直接负责人员依法给予行政处分；构成犯罪的，由司法机关依法追究刑事责任（　　）。

　　A. 无故延期或者不按照规定归档、报送的　　B. 涂改档案的

　　C. 伪造档案的　　　　　　　　D. 档案工作人员玩忽职守，造成档案损失的

　　E. 库房条件不符合规范要求的

　　29.《城市房地产权属档案管理办法》第二十三条规定，房屋自然灭失或者依法被拆除后，房地产权属档案管理机构应当自档案整理归档完毕之日起（　　）书面通知（　　）。

　　A. 立即　　　　　　　　B. 15 日内　　　C. 城市建设档案馆

　　D. 房产行政主管部门　　　E. 建设行政主管部门

30.《江苏省城建档案管理办法》第二十四条规定，不属于国家所有的，对国家和社会有保存价值或者应当保密的城建档案，档案所有者应当妥善保管。档案所有者可以向城建档案馆（    ）。

A. 寄存　　　　B. 捐赠　　　　C. 出卖　　　　D. 赠送　　　　E. 互换

31. 根据《江苏省城建档案管理办法》第二十八条的规定，城建档案馆（室）应当（    ）向社会公布（    ）。

A. 定期　　　　　　　　　B. 不定期　　　　　　C. 所有档案目录

D. 可以开放的档案目录　　E. 部分档案

32.《江苏省城建档案管理办法》第二十九条规定：有下列情形之一的单位和个人，由县级以上人民政府予以表彰和奖励（    ）。

A. 在城建档案的收集、整理、保护、管理和提供利用等方面成绩突出的

B. 在城建档案理论研究和科学研究方面成绩突出的

C. 将重要或者珍贵的城建档案捐赠给国家的

D. 在非常条件下，为抢救、保护城建档案表现突出的

E. 同违反档案法律、法规和规章的行为作斗争表现突出的

33.《江苏省城建档案管理办法》第三十条规定：有下列行为之一的，由建设行政主管部门对直接负责的主管人员或者其他直接责任人员依法给予行政处分；构成犯罪的，依法追究刑事责任。（    ）

A. 违反本办法第十二条规定，不办理建设工程档案登记手续的

B. 违反本办法第十五条规定，不按规定补测、补绘建设工程档案的

C. 违反本办法第二十一条规定，造成损失的

D. 违反本办法第十八条，未同时提交档案的

E. 违反本办法第十七条，未向城建档案馆移交地下管线普查和测绘档案

34.《江苏省城建档案管理办法》第三十一条规定：建设工程竣工验收后，建设单位未按照本办法规定移交建设工程档案的，依照（    ）等法律、法规的规定处罚。

A. 建设工程质量管理条例　　　　　B. 城市建设档案管理规定

C. 江苏省工程建设管理条例　　　　D. 江苏省档案管理条例

E. 档案法

35. 根据《江苏省城建档案管理办法》第三十二条的规定，有关单位和个人有下列行为的，由县级以上档案行政管理部门依法查处（    ）。

A. 损毁城建档案　　　　B. 丢失城建档案　　　　C. 涂改城建档案

D. 伪造城建档案　　　　E. 遗失城建档案

## 三、判断题

1.《中华人民共和国档案法》第三条规定：一切国家机关、武装力量、政党、社会团体、企业事业单位和公民都有管理和利用档案的义务。（    ）

2.《中华人民共和国档案法》第五条规定：档案工作实行统一领导、分级管理的原则，维护档案完整与安全，便于社会各方面的利用。（    ）

3.《中华人民共和国档案法》第十一条规定，机关、团体、企业事业单位和其他组织

必须按照国家规定，不定期向档案馆移交档案。（　　）

4.《中华人民共和国档案法》第十七条第一款规定，禁止出卖属于个人所有的档案。（　　）

5.《中华人民共和国档案法》第十七条第三款规定，档案复制件的交换、转让和出卖，双方协商处理。（　　）

6.《中华人民共和国档案法》第二十二条规定，属于国家所有的档案，由国家授权的档案馆或者有关机关公布；未经档案馆或者有关机关同意，任何组织和个人无权公布。（　　）

7.《中华人民共和国档案法实施办法》第十八条规定，属于个人所有的档案，任何组织和个人都不得出卖。（　　）

8.《中华人民共和国档案法实施办法》第二十条规定，各级国家档案馆保管的档案应当按照《档案法》的有关规定，分期分批地向社会开放，并同时公布开放档案的目录。档案开放的起始时间，经济、科学、技术、文化等类档案，可以随时向社会开放。（　　）

9.《中华人民共和国档案法实施办法》第二十二条规定：《档案法》所称档案的利用，是指对档案的阅览、复制和摘录。（　　）

10.《科学技术档案工作条例》第二十八条规定，专业档案馆和城市基本建设档案馆是科学技术事业单位。（　　）

11.《江苏省档案管理条例》第二十七条规定，中华人民共和国公民和组织凡持合法有效证件或者证明的，可以利用档案馆所有的档案。（　　）

12.根据《江苏省档案管理条例》第二十七条规定，中华人民共和国公民和组织需持合法有效证件或者证明，可利用未开放的档案。（　　）

13.根据《江苏省档案管理条例》第二十七条规定，利用重要或者珍贵档案，档案馆应当将档案的原件提供查阅。（　　）

14.《城市建设档案管理规定》第三条第一款规定，国务院建设行政主管部门负责全国城建档案指导工作。（　　）

15.《城市建设档案管理规定》第三条第三款规定，城市的建设行政主管部门可以设置城建档案工作管理机构或者配备城建档案管理人员，负责全市城建档案工作。（　　）

16.《城市建设档案管理规定》第三条第三款规定，城市的建设行政主管部门也可以委托城建档案馆负责城建档案工作的日常管理工作。（　　）

17.根据《城市房地产权属档案管理办法》第三条的规定，房地产权属档案是城市建设档案的组成部分。（　　）

18.《城市房地产权属档案管理办法》第四条规定，房地产权属档案管理业务上受同级城市建设档案管理部门的帮助导。（　　）

19.《江苏省城建档案管理办法》第四条规定：各级人民政府应当加强对城建档案工作的领导，保障城建档案工作与城乡建设事业协调发展。（　　）

20.《江苏省城建档案管理办法》第五条规定，县级以上人民政府档案主管部门（或者城市规划行政主管部门）负责本行政区域内城建档案管理工作。（　　）

21.《江苏省城建档案管理办法》第六条规定：县级以上人民政府建设行政主管部门的城建档案馆（室），是集中管理城建档案的事业机构，负责本行政区域内城建档案的接

收、收集、整理、保管和利用等业务工作，并对城建档案的形成、管理等工作进行技术业务指导。（　　）

22.《江苏省城建档案管理办法》第二十七条规定：城建档案馆（室）的馆房建设、设备购置等所需经费应当列入地方固定资产投资计划，日常经费由地方财政统筹安排。（　　）

23.《中华人民共和国档案法》第十九条规定，国家档案馆保管的档案一般应当自形成之日起满三十年向社会开放。经济、科学、技术、文化等类档案向社会开放的期限，可以少于三十年，涉及国家安全或者重大利益以及其他到期不宜开放的档案向社会开放的期限，可以多于三十年，具体期限由国家档案行政管理部门制订，报国务院批准施行。（　　）

24. 根据《中华人民共和国档案法》第二十四条的规定，擅自提供、抄录、公布、销毁属于国家所有的档案的，由县级以上人民政府档案管理部门、有关主管部门对直接负责的主管人员或者其他直接责任人员依法给予行政处分；构成犯罪的，依法追究刑事责任。（　　）

25. 根据《中华人民共和国档案法》第二十四条的规定，违反本法第十条、第十一条规定，不按规定归档或者不按期移交档案的，由县级以上人民政府档案管理部门、有关主管部门对直接负责的主管人员或者其他直接责任人员依法给予行政处分；构成犯罪的，依法追究刑事责任。（　　）

26. 根据《中华人民共和国档案法实施办法》第二十一条的规定，档案缩微品和其他复制形式的档案载有档案收藏单位法定代表人的签名或者印章标记的，不具有与档案原件同等的效力。（　　）

27.《科学技术档案工作条例》第七条规定：各单位在对每一项科研成果、产品试制、基建工程或其他技术项目进行鉴定、验收的时候，要有科技档案部门参加，对应当归档的科技文件材料加以验收。没有完整、准确、系统的科技文件材料的项目，不能验收。（　　）

28. 根据《江苏省档案管理条例》第二十七条规定，利用未开放的档案，中华人民共和国公民和组织需持合法有效证件或者证明，并应当按照国家有关规定履行审批手续。（　　）

29. 根据《江苏省档案管理条例》第二十七条规定，利用重要或者珍贵档案，档案馆应当将档案的原件提供查阅。（　　）

30.《城市地下管线工程档案管理办法》第二十一条规定：城建档案管理机构因保管不善，致使档案丢失，或者因汇总管线信息资料错误致使在施工中造成损失的，依法承担赔偿责任；对有关责任人员，依法给予刑事处分。（　　）

31.《各级国家档案馆馆藏档案解密和划分控制使用范围的暂行规定》第八条规定，各级国家档案馆馆藏档案的划控工作，由档案馆负责组织力量，根据本规定的有关条款确定的标准负责进行，必要时聘请同级档案行政管理部门、保密工作部门和文件制发单位组成专门小组共同进行。（　　）

32.《江苏省城建档案管理办法》第六条规定：县级以上人民政府建设行政主管部门的城建档案馆（室），是集中管理城建档案的事业机构，负责本行政区域内城建档案的接收、收集、整理、保管和利用等业务工作，并对城建档案的形成、管理等工作进行技术业务指导。（　　）

33.《江苏省城建档案管理办法》第七条规定：从事城建档案工作的人员应当忠于职守，遵守纪律，保守秘密，具备相应的专业知识，并按照国家和省有关规定，取得执业资格。（　　）

34.《江苏省城建档案管理办法》第八条规定，各市建设行政主管部门可以结合本地实际情况确定城建档案馆（室）接收城建档案的具体内容，并报省建设行政主管部门和省档案行政主管部门备案。（　　）

35.《江苏省城建档案管理办法》第九条规定，应当由城建档案馆（室）接收的城建档案，建设工程档案在工程项目竣工验收后一年内移交。（　　　）

36.《江苏省城建档案管理办法》第九条规定，应当由城建档案馆（室）接收的城建档案，村镇建设工程档案在村镇工程竣工验收后一年内移交。（　　　）

37.《江苏省城建档案管理办法》第十一条规定：向城建档案馆（室）移交的城建档案应当完整准确、图形清晰、字迹工整，有利于长久保存。案卷质量应当符合《江苏省城建档案案卷质量标准》规定的要求。（　　　）

38. 根据《江苏省城建档案管理办法》第十八条第一款的规定：各单位自行保管的城建档案，在建筑物、构筑物产权转让时，无需同时移交。（　　）

39.《江苏省城建档案管理办法》第二十二条规定，城建档案馆（室）及其他形成、保管城建档案的单位，应当建立健全档案管理制度，严格执行国家保密制度，严防档案散失和泄密。任何单位和个人不得擅自销毁城建档案。（　　　）

40.《江苏省城建档案管理办法》第二十三条规定：禁止出卖属于国家所有的城建档案。城建档案复制件的交换、转让和出卖，应当按照国家有关规定办理。（　　　）

41.《江苏省城建档案管理办法》第二十五条第一款规定，保管城建档案应当有专用库房。库房内应当保持适当的温度和湿度，有防盗、防火、防水、防强光、防潮、防尘、防污染、防有害气体和有害生物等措施，并具有相应的抗震和抵御其他自然灾害的能力。库房面积应当符合省建设行政主管部门制定的城建档案工作业务规范的要求。（　　　）

42.《江苏省城建档案管理办法》第二十五条第二款规定，新建或者改建档案库房，应当执行《档案馆建筑设计规范》。（　　　）

43.《江苏省城建档案管理办法》第二十六条规定：城建档案馆（室）应当使用符合国家标准的档案用品和装具，逐步配备温湿度自动控制、监控、计算机、声像等设备，实现城建档案管理的规范化、标准化和现代化。（　　　）

44. 根据《江苏省城建档案管理办法》第二十八条的规定，城建档案馆（室）应当定期向社会公布所有档案目录。（　　　）

# 第4章　城建档案的管理

## 一、单项选择题

1. 档案资料之所以要实行集中统一管理，这是由档案的（　　）所决定的。

A. 性质　　　　　　B. 特点　　　　　　C. 作用　　　　　　D. 价值

2.《全国城建档案分类大纲》将城建档案划分成（　　）大类。

A. 16　　　　B. 17　　　　C. 18　　　　D. 19

3. 单位档案室收集档案工作的主要途径，是对（　　）形成的需要归档的各类档案进行接收归档。

A. 本单位　　　B. 下属单位　　　C. 本单位和下属单位　　D. 合作单位

4. 城建档案馆档案收集工作的途径，是对（　　）的各类城建档案进行接收。

A. 行政区内　　　B. 规划区内　　　C. 管理范围内　　　D. 列入进馆范围

5. 城建档案馆应当采取有效措施，通过有关途径，对流散在社会上或个人手中的城建历史档案、重要档案、珍贵档案等进行（　　）。

A. 购买　　　B. 接收　　　C. 征集　　　D. 有偿征集

6. 城建档案馆收集方式是以（　　）工作为主。

A. 购买　　　B. 接收　　　C. 征集　　　D. 有偿征集

7. 城建档案分类的原则是：（　　）。

A. 符合城建档案形成单位的性质和特点　　　B. 充分尊重和利用原有的整理结果

C. 根据文件材料的载体，选择和运用适当的分类方法

D. 遵循文件材料的形成规律，保持文件材料的有机联系

8. 城市地下管线普查和测绘形成的地下管线档案，应在普查、探测结束后（　　）向城建档案馆移交。

A. 6个月内　　　B. 3个月内　　　C. 6个月后　　　D. 1年后

9. 地下管线专业管理单位每（　　）应向城建档案馆报送一次更改、报废、补测部分或修测的地下管线现状图和有关资料。

A. 3个月　　　B. 6个月　　　C. 9个月　　　D. 1年

10. 城建档案（　　）工作是城建档案归档工作的前提和基础。

A. 业务指导　　　B. 收集　　　C. 接收　　　D. 整理

11. 城建档案馆负责接收列入其接收范围内的具有（　　）保存价值的城建档案。

A. 长久　　　B. 长期　　　C. 20年　　　D. 永久

12. 城建档案收集是城建档案工作的（　　）和前提。

A. 手段　　　B. 基础　　　C. 准则　　　D. 要求

13. 城建档案收集是贯彻城建档案工作基本（　　）的重要手段。

A. 原理　　　B. 理论　　　C. 规定　　　D. 原则

14. 城建档案收集有利于（　　）国家机密。

A. 维护　　　B. 保护　　　C. 保存　　　D. 保守

15. 城建文件材料的（　　），是城建文件材料运转的最后一个环节。

A. 移交　　　B. 归档　　　C. 报送　　　D. 发放

16. 城建档案（　　）是接收和征集具有保存价值的城建档案集中保管在城建档案馆的一项工作。

A. 集中　　　B. 归档　　　C. 报送　　　D. 收集

17. 整理与（　　）是城建档案整理工作相互联系不可缺少的两个方面。

A. 编号　　　B. 目录　　　C. 编目　　　D. 编序

18. 系统整理的具体工作内容有：分类、组卷和（　　）。

A. 排架　　　　　　　B. 排序　　　　　　　C. 排放　　　　　　　D. 排列

19. 根据城建文件材料的（　　），选择和运用合适的分类方法。

A. 时间　　　　　　　B. 内容　　　　　　　C. 载体　　　　　　　D. 重要程度

20. 城建档案类目的划分应该具有（　　）。

A. 逻辑性　　　　　　B. 客观性　　　　　　C. 实用性　　　　　　D. 规律性

21. 城建档案分类体系应该具有（　　）。

A. 逻辑性　　　　　　B. 客观性　　　　　　C. 实用性　　　　　　D. 规律性

22. 城建档案的分类应注重（　　）。

A. 逻辑性　　　　　　B. 客观性　　　　　　C. 实用性　　　　　　D. 规律性

23. 城建档案鉴定是根据档案价值的大小确定（　　）和密级。

A. 保管时间　　　　　B. 保存价值　　　　　C. 保管期限　　　　　D. 保存期限

24. 城建档案的保管期限规定为（　　）长期、短期三种。

A. 永久　　　　　　　B. 定期　　　　　　　C. 长久　　　　　　　D. 限期

25. 保管期限为长期的时间为（　　）。

A. 20年以上　　　　 B. 25年以上　　　　 C. 20年至60年　　　 D. 25年至60年

26. 保管期限为短期的时间为（　　）。

A. 20年　　　　　　　B. 25年　　　　　　　C. 20年以下　　　　　D. 25年以下

27. 国家秘密的保密期限，除另有规定外，秘密级期限不超过（　　）。

A. 10年　　　　　　　B. 20年　　　　　　　C. 30年　　　　　　　D. 40年

28. 重要的国家秘密，泄露会使国家安全和利益遭受严重的损害，其密级为（　　）。

A. 绝密　　　　　　　B. 机密　　　　　　　C. 秘密　　　　　　　D. 内部

29. 划为长期的工程档案保存期限一般为（　　）。

A. 20年以上　　　　 B. 25年以上　　　　 C. 60年　　　　　　　D. 工程拆除为止

30. 经过鉴定对失去价值的城建档案作毁灭性处置的过程称为（　　）。

A. 清理　　　　　　　B. 消除　　　　　　　C. 销毁　　　　　　　D. 剔除

31. 城建档案保管与保护工作是城建档案工作的（　　）环节。

A. 核心　　　　　　　B. 中心　　　　　　　C. 重要　　　　　　　D. 首要

32. 城建档案保管与保护工作是城建档案管理部门的一项（　　）业务环节。

A. 经常性　　　　　　B. 一般性　　　　　　C. 特殊性　　　　　　D. 重要性

33. 保存照片档案的库房温度应控制在（　　）之间。

A. 17～20℃　　　　 B. 13～15℃　　　　 C. 14～24℃　　　　 D. 14～20℃

34. 录像档案保存的最佳环境温度、相对湿度分别为：（　　）。

A. 17℃　40%　　B. 18℃　40%　　C. 18℃　45%　　　D. 17℃　45%

35. 城建档案缩微宜采用（　　）卷片拍摄。

A. 20mm　　　　　　 B. 25mm　　　　　　 C. 30mm　　　　　　 D. 35mm

36. 光盘存放环境的温湿度应分别控制在（　　）之间。

A. 14～24℃和45%～60%　　　　　　B. 15～25℃和45%～60%

C. 14～24℃和50%～60%　　　　　　D. 15～25℃和50%～60%

37. 磁带录音档案保存环境的温度、相对湿度分别应该控制在：（　　）。

A. 17～20℃和35％～45％　　　　B. 17～25℃和40％～50％

C. 17～20℃和40％～50％　　　　D. 17～25℃和35％～45％

38. 保存底片档案的库房温度应控制在（　　）之间。

A. 17～20℃　　　B. 13～15℃　　　C. 14～24℃　　　D. 14～20℃

39. 保存光盘档案的库房温度应控制在（　　）之间。

A. 17～20℃　　　B. 13～15℃　　　C. 14～24℃　　　D. 14～20℃

40. 保存纸质档案的库房温度应控制在（　　）之间。

A. 17～20℃　　　B. 13～15℃　　　C. 14～24℃　　　D. 14～20℃

41. 保存纸质档案的库房相对湿度应控制在（　　）之间。

A. 35％～45％　B. 40％～50％　C. 45％～60％　D. 40％～60％

42. 保存照片档案的库房相对湿度应控制在（　　）之间。

A. 35％～45％　B. 40％～50％　C. 45％～60％　D. 40％～60％

43. 保存底片档案的库房相对湿度应控制在（　　）之间。

A. 35％～45％　B. 40％～50％　C. 45％～60％　D. 40％～60％

44. 保存光盘档案的库房相对湿度应控制在（　　）之间。

A. 35％～45％　B. 40％～50％　C. 45％～60％　D. 40％～60％

45. 档案库房使用的白炽灯照度一般在（　　）lx 为宜。

A. 10～20　　　　B. 20～30　　　　C. 30～40　　　　D. 30～50

46. 档案阅览室使用的白炽灯照度一般在（　　）lx 为宜。

A. 40～60　　　　B. 60～100　　　C. 75～100　　　D. 80～100

47. 档案库房所处地区及周围环境空气的质量，不应低于（　　）质量标准。

A. 一级　　　　　B. 二级　　　　　C. 三级　　　　　D. 四级

48. 档案库房内档案柜（架）侧面与墙壁间距不应小于（　　）cm。

A. 40　　　　　　B. 50　　　　　　C. 60　　　　　　D. 70

49. 缩微品体积很小，一般缩微比率范围为（　　）。

A. 1/7～1/20　　B. 1/7～1/30　　C. 1/10～1/40　　D. 1/7～1/48

50. 现在用安全片基银盐缩微胶片制成的缩微品预期寿命可超过（　　）年。

A. 200　　　　　B. 400　　　　　C. 600　　　　　D. 800

51. 城建档案缩微宜采用（　　）mm 卷片拍摄。

A. 24　　　　　　B. 28　　　　　　C. 35　　　　　　D. 36

52. 档案去酸，使纸质文件的 pH 值提高到（　　）左右，有利于档案纸张的长久保存。

A. 5.0　　　　　B. 6.0　　　　　C. 7.0　　　　　D. 8.0

53. （　　）是城建档案价值体现和最终目的。

A. 保管工作　　　B. 利用服务工作　　C. 编研工作　　　D. 收集工作

54. 利用服务工作是城建档案工作为社会服务的（　　）手段。

A. 重要　　　　　B. 简捷　　　　　C. 直接　　　　　D. 必要

55. 利用服务工作在城建档案工作中占有（　　）地位。

A. 重要　　　　　　B. 中心　　　　　　C. 突出　　　　　　D. 主要

56. 城建档案管理机构对寄存档案的提供利用，应征得（　　）的同意。

A. 档案寄存单位　　B. 档案所有者　　C. 档案移交单位　　D. 上级主管部门

57. 城建档案编研是城建档案馆主动提供服务利用的（　　）手段。

A. 重要　　　　　　B. 简捷　　　　　　C. 直接　　　　　　D. 有效

58. 城建档案的自然形成规律表现为城建档案形成的（　　）特点。

A. 过程性　　　　　B. 原始性　　　　　C. 专业性　　　　　D. 客观性

59. 档案分类标引必须按（　　）的要求，分入恰当的类目，不得分入较宽的上位类或较窄的下位类。

A. 专指性　　　　　B. 逻辑性　　　　　C. 专业性　　　　　D. 客观性

60. 档案分类标引应保持（　　）。

A. 专指性　　　　　B. 逻辑性　　　　　C. 一致性　　　　　D. 客观性

61. 标引深度不宜超过（　　）个主题词。

A. 5　　　　　　　　B. 6　　　　　　　　C. 7　　　　　　　　D. 8

62. 城建档案（　　）是决定城建档案价值最重要、最本质的因素。

A. 载体　　　　　　B. 内容　　　　　　C. 原件　　　　　　D. 年代

63. 城建档案必备目录是（　　）。

A. 总目录　　　　　B. 专题目录　　　　C. 机读目录　　　　D. 全引目录

64. 专门用于存放照片档案的库房，昼夜温度变化不大于（　　）。

A. ±2℃　　　　　　B. ±3℃　　　　　　C. ±4℃　　　　　　D. ±5℃

65. 专门用于存放纸质档案的库房，昼夜温度变化不大于（　　）。

A. ±2℃　　　　　　B. ±3℃　　　　　　C. ±4℃　　　　　　D. ±5℃

66. 专门用于存放底片档案的库房，昼夜温度变化不大于（　　）。

A. ±2℃　　　　　　B. ±3℃　　　　　　C. ±4℃　　　　　　D. ±5℃

67. 专门用于存放录像档案的库房，昼夜温度变化不大于（　　）。

A. ±2℃　　　　　　B. ±3℃　　　　　　C. ±4℃　　　　　　D. ±5℃

68. 专门用于存放光盘档案的库房，昼夜温度变化不大于（　　）。

A. ±2℃　　　　　　B. ±3℃　　　　　　C. ±4℃　　　　　　D. ±5℃

69. 鉴定城建档案是否具有保存价值和具有怎样的保存价值，取决于两个方面的因素：城建档案自身的特点和（　　）的需要。

A. 现实利用　　　　B. 社会利用　　　　C. 历史参考　　　　D. 法律凭证

70. 城建档案鉴定工作的原则，就是用（　　）、历史的、发展的观点来判定档案的价值。

A. 全面的　　　　　B. 系统的　　　　　C. 准确的　　　　　D. 专业的

71. 实现维护档案的完整与（　　）就是城建档案的保管与保护工作最基本的、经常的任务。

A. 准确　　　　　　B. 系统　　　　　　C. 安全　　　　　　D. 齐全

72. 按检索工具的功能分，档案目录可分为（　　）。

A. 公开目录　　　　B. 卷内目录　　　　C. 内部目录　　　　D. 专题目录

73. 按检索工具的管理要求分，档案目录可分为：（　　）。

A. 案卷目录　　　　B. 分类目录　　　　C. 必备目录　　　　D. 主题目录

74. 新建档案库房竣工后不宜立即投入使用，一般要经（　　）个月以上的通风干燥后方能使用。

A. 3　　　　　　　　B. 6　　　　　　　　C. 9　　　　　　　　D. 12

75. 根据大量科学试验证明，（　　）是纸张破损的主要原因。

A. 酸　　　　　　　B. 碱　　　　　　　C. 霉　　　　　　　D. 污

## 二、多项选择题

1. 根据《城市建设档案分类大纲》（修订稿），城建档案分为（　　）大类、（　　）属类。

A. 17　　　　　　　B. 18　　　　　　　C. 19　　　　　　　D. 97　　　　　　　E. 102

2. 城建档案的管理是城建档案馆（室）业务工作的核心内容，主要包括城建档案的（　　）、统计、鉴定、保管、保护、缩微、修复和提供利用服务等一系列业务活动。

A. 接收　　　　　　B. 收集　　　　　　C. 整理　　　　　　D. 编目　　　　　　E. 入库

3. 城建档案收集工作的意义，主要体现在（　　）。

A. 是档案工作的基础　　　　　　　　　B. 是档案工作的前提

C. 是不断丰富馆藏，完善馆藏结构的需要

D. 是实现档案集中统一管理的基本手段和具体措施

E. 是决定档案馆存在和发展的重要条件

4. 市城建档案馆收集档案的范围包括（　　）。

A. 城市建设基础材料　　　　　　　　　B. 业务管理和业务技术档案

C. 房地产权属档案　　　　　　　　　　D. 地下管线档案资料

E. 城市建设声像档案材料

5. 业务管理和业务技术档案的内容包括有（　　）。

A. 城市土地征用档案　　　　B. 总体规划档案　　　　C. 建设工程规划管理档案

D. 施工企业资质管理档案　　　E. 房屋拆迁和征收管理档案

6. 市政工程、公用设施档案的内容包括有（　　）。

A. 排水　　　　　B. 道路　　　　　C. 桥梁　　　　　D. 环境卫生　　　　E. 地铁

7. 城建档案接收的原则和要求就是遵循（　　）的原则。

A. 统一领导　　　　　　　　　B. 统一管理　　　　　　　　　C. 分级管理

D. 分级保管　　　　　　　　　E. 分类集中保管

8. 接收进馆档案的质量要求应符合下列规定（　　）。

A. 采用耐久性强的书写材料　　　　　　B. 归档文件签字盖章手续完备

C. 计算机输出文字可以使用色带式打印机　　　D. 归档文件必须经过分类整理

E. 归档文件的纸张应采用韧性大的纸张

9. 城建档案整理工作的内容（　　　）。

A. 分类　　　　B. 组卷　　　　C. 排列　　　　D. 编目　　　　E. 著录

10. 城建档案整理工作的原则是（　　　）。

A. 遵循城建档案的自然形成规律　　　　　　B. 充分尊重和利用原有的整理结果

C. 最大限度地保持城建档案文件之间的有机联系

D. 准确地提示城建档案的内容和成分　　　　E. 便于城建档案保管和利用

11. 城建文件之间的有机联系，主要表现在城建文件的（　　　）几个方面。

A. 来源　　　　B. 时间　　　　C. 内容　　　　D. 形式　　　　E. 问题

12. 城建档案著录工作具有（　　　）的作用。

A. 登记　　　　B. 介绍　　　　C. 统计　　　　D. 交流　　　　E. 检索

13. 城建档案分类的特点有（　　　）。

A. 客观性　　　B. 逻辑性　　　C. 统一性　　　D. 实用性　　　E. 整体性

14. 城建档案内容特征，包括城建档案的（　　　）等。

A. 分类号　　　B. 档案号　　　C. 主题词　　　D. 题名　　　E. 摘要

15. 城建档案形式特征，包括城建档案的（　　　）等。

A. 分类号　　　B. 档案号　　　C. 主题词　　　D. 题名　　　E. 形成时间

16. 档案著录的必要项目包括（　　　）等。

A. 正题名　　　B. 工程（项目）地址　　　C. 时间

D. 密级　　　　E. 保管期限

17. 按检索工具的载体形式分，档案目录可分为（　　　）。

A. 书本式目录　　B. 卡片式目录　　C. 条目式目录　　D. 缩微目录　　E. 机读目录

18. 城建档案价值鉴定标准主要有（　　　）。

A. 来源标准　　　　　B. 内容标准　　　　　C. 形式特征标准

D. 重要程度标准　　　E. 完整程度标准

19. 馆藏档案鉴定工作的类型有（　　　）。

A. 定期鉴定　　B. 到期鉴定　　C. 开放鉴定　　D. 销毁鉴定　　E. 进馆鉴定

20. 档案缩微的优点有（　　　）。

A. 便于收藏　　B. 超长期保存　　C. 复制容易　　D. 安全可靠　　E. 使用广泛

21. 征集工作的方法有（　　　）。

A. 无偿征集　　B. 购买　　　　C. 征收　　　　D. 有偿征集　　E. 寄存

22. 常用的档案去污方法有（　　　）。

A. 水洗去污法　　　B. 有机溶剂去污法　　　C. 高锰酸钾去污法

D. 亚氯酸钠去污法　　E. 乙醚去污法

23. 城建档案的自然形成规律表现为城建档案形成的（　　　）特点。

A. 过程性　　　B. 阶段性　　　C. 程序性　　　D. 原始性　　　E. 客观性

24. 城建档案分类的方法有（　　　）。

A. 年度分类法　　B. 项目分类法　　C. 专业分类法　　D. 载体分类法　　E. 文件分类法

### 三、判断题

1. 城建档案虽然由不同的单位和个人所产生，但究其根本，是属于一种公共资源，是属于全体公民共享的公共资源。（　　）

2. 城建档案被喻为建设工程的"身份证"，建设成果的"说明书"。（　　）

3. 建设工程的勘测、设计、施工、监理等单位应在本单位承担的工程任务完成后，将本工程形成的文件立卷后向本单位的档案部门移交。（　　）

4. 地下管线工程档案应在工程竣工验收备案前向城建档案馆移交。（　　）

5. 建设系统各行业管理部门形成的各种业务管理档案，应在本单位保存使用 5 年后，将需要永久和长期保管的档案全部向城建档案馆移交。（　　）

6. 征集工作的重点是具有重要历史研究、学术研究价值和反映地方城市建设历史和发展的档案史料。（　　）

7. 在档案整理过程中，应该充分研究和利用原来整理的成果，不要轻易破坏以往整理和保存的历史状况。（　　）

8. 保持城建文件之间的内在联系，是整理城建档案的主要目的。（　　）

9. 便于城建档案保管和利用，是城建档案整理工作的基本出发点和最终要求。（　　）

10. 城建档案著录是指在编制城建档案目录时，为提取城建档案信息，对城建档案内容特征进行分析、选择和记录的过程。（　　）

11. 凡介于两种保管期限之间的档案其保管期限一律从长。（　　）

# 第 5 章　城建档案编研

## 一、单项选择题

1. 检索型编研成果主要有：目录型、检索型、（　　）等。

A. 综合型　　　　　B. 专题型　　　　　C. 介绍型　　　　　D. 图表型

2. 材料的选择与（　　）是保证编研成果质量的关键环节，是两个密不可分的作业过程。

A. 汇总　　　　　　B. 核实　　　　　　C. 审核　　　　　　D. 鉴别

3. 选材一般要经过查找、（　　）、确定和选取档案材料的过程才能完成。

A. 汇总　　　　　　B. 核实　　　　　　C. 鉴别　　　　　　D. 鉴别核实

4. 常见的城建档案馆指南属于（　　）编研成果。

A. 汇编型　　　　　B. 文摘型　　　　　C. 史志型　　　　　D. 介绍型

5. 利用效益事例的编写有时间、利用者、目的、（　　）、效果等五个不可缺少的要素。

A. 地点　　　　　　B. 过程　　　　　　C. 单位　　　　　　D. 形式

6. 专题汇编属一次加工抄纂型编研，它的编写程序有选题、选材、加工、（　　）、审校等几个环节。

A. 编写　　　　　　B. 编辑　　　　　　C. 编纂　　　　　　D. 总纂

7. 如果按照文献加工的深度来分析，编写城建档案馆指南属于（　　）编研。

A. 原始文献　　　B. 一次文献　　　C. 二次文献　　　D. 三次文献

8. 编写城建档案参考资料是一项（　　）工作。

A. 专业性　　　　B. 经常性　　　　C. 研究性　　　　D. 管理性

9. 正确（　　）是做好编研工作的关键环节和重要前提。

A. 选题　　　　　B. 选材　　　　　C. 调研　　　　　D. 组织

10. 检验编研成果是否切合客观实际需要原则的标准是：利用的范围和传播的效率，利用取得的效益，（　　）。

A. 利用人员的评价　　　　　　B. 社会需求的大小

C. 编研成果的利用率　　　　　D. 编研成果的实用性

11. 下列编研成果属于三次文献编研的是（　　）。

A. 城建档案馆指南　　　　　　B. 重点工程简介

C. 基础数字汇编　　　　　　　D. 城市建设年鉴

12. 城建档案馆应根据城乡规划、建设、管理工作的需要，编制必要的（　　）资料和参考资料，向社会提供服务。

A. 编研　　　　　B. 检索　　　　　C. 索引　　　　　D. 目录

## 二、多项选择题

1. 城建档案编研工作的基本原则有（　　）。

A. 存真求是原则　　　B. 立足馆藏原则　　　C. 利用效益原则

D. 社会需求原则　　　E. 安全保密原则

2. 对档案材料的加工应遵循下列原则（　　）。

A. 存真原则　　B. 求实原则　　C. 慎改原则　　D. 标注原则　　E. 鉴别原则

3. 档案材料的加工工作，主要包括以下环节（　　）。

A. 转录　　　B. 校勘　　　C. 删节　　　D. 编写　　　E. 格式化处理

4. 下列编研成果属于三次文献编研的有（　　）。

A. 城建档案馆指南　　　B. 重点工程简介　　C. 基础数字汇编

D. 历史沿革　　　　　　E. 城市建设年鉴

5. 下列属于检索型编研成果的是（　　）。

A. 分类目录　　　　　B. 地形图索引　　　C. 工程分布图

D. 文件汇编　　　　　E. 基础数字汇集

6. 下列编研成果属于一次文献型编研成果的有（　　）。

A. 建设文件汇编　　　B. 学术论文选编　　　C. 城建大事记

D. 基础数字汇编　　　E. 地质勘察测量资料辑录

## 三、判断题

1. 城建档案编研是城建档案馆主动提供服务利用的有效手段。（　　）

2. 正确选材是做好编研工作的关键环节和重要前提。（　　　）

3. 城建档案编研工作可以促使档案部门把服务重心由"主内"转为"主外"。（　　　）

4. "重点工程简介"属于一次文献编研成果。（　　　）

5. 大事记的特点是内容上记载大事，文体上记而不评，编写方法以时间为线索，并且比较简练。（　　　）

# 第6章　城建声像档案

## 一、单项选择题

1. JPEG 格式的照片文件大小一般应大于（　　　）。

A. 1M　　　　　　B. 2M　　　　　　C. 3M　　　　　　D. 4M

2. TIFF 或 RAW 格式的照片文件大小应大于（　　　）。

A. 8M　　　　　　B. 9M　　　　　　C. 10M　　　　　　D. 11M

3. 为了保证照片档案的成像质量，一般应当使用（　　　）像素以上的数码照相机的最高解像度进行拍摄。

A. 500 万　　　　　B. 600 万　　　　　C. 700 万　　　　　D. 800 万

4. 保存光盘还应注意防止（　　　）和静电的危害。

A. 强光　　　　　　B. 强磁场　　　　　C. 高湿　　　　　　D. 高温

5. 数码照片文件应同时洗印成（　　　）英寸的纸质照片后，分类装册入集。

A. 6～7　　　　　　B. 6　　　　　　C. 7　　　　　　D. 5～7

6. 储存数码照片档案应该采用（　　　）为存储载体。

A. 光盘　　　　　　B. 只读式光盘　　　C. 硬盘　　　　　　D. 磁盘

7. 对数字信息资源长期保存的方法是多重备份和（　　　）。

A. 硬件迁移　　　　B. 载体迁移　　　　C. 格式迁移　　　　D. 适时迁移

8. 在正常情况下，存有数码照片档案的光盘一般每隔（　　　）年转存一次。

A. 3　　　　　　　　B. 4　　　　　　　C. 5　　　　　　　D. 6

9. 照片档案的鉴定通常有传统式鉴定和（　　　）两种。

A. 直接鉴定　　　　B. 比较鉴定　　　　C. 软件鉴定　　　　D. 计算机鉴定

10. 录像档案一般为（　　　）年应进行一次倒带。

A. 3　　　　　　　　B. 4　　　　　　　C. 5　　　　　　　D. 6

11. 一般来说，正常保存的录像磁带应每隔（　　　）年复制一次。

A. 8　　　　　　　　B. 10　　　　　　　C. 8～10　　　　　D. 9～10

12. 录音磁带每（　　　）年检验并倒带一次。

A. 2　　　　　　　　B. 3　　　　　　　C. 4　　　　　　　D. 5

13. 视频制式，中国地区使用（　　　）制式。

A. PAL　　　　　　B. NTSC　　　　　C. SECAM　　　　　D. SIGEM

14. 目前比较流行的一种数码视频格式的录像磁带是（　　　）。

A. 2 英寸磁带    B. 3/4 英寸磁带    C. 8mm 磁带    D. DV 带

15. 数码照片档案的分类一般按其（    ）分类。

A. 形成年度    B. 形成地点    C. 照片内容    D. 照片来源

16. 储存数码照片档案应该采用为存储载体。

A. 普通光盘    B. 只读式光盘    C. 一次写入光盘    D. 可擦写光盘

17. 光盘存放环境要远离强磁场并防止（    ）与紫外线。

A. 有害气体    B. 强光    C. 高温    D. 灰尘

18. 用 DV 格式记录的视频信号，其最大的优点就是可以（    ），图像质量基本不受影响。

A. 多次转录    B. 无数次地转录    C. 方便转录    D. 快速转录

19. 对收集来的城建录像档案，首先要按（    ）进行分类。

A. 项目    B. 年代    C. 来源    D. 载体

## 二、多项选择题

1. 照片的文字说明材料应当包括照片的（    ）时间、人物、背景等。

A. 题名    B. 事由    C. 地点    D. 摄影者    E. 像数

2. 城建照片档案的特点是（    ）。

A. 客观真实    B. 直观形象    C. 传播方便

D. 交流广泛    E. 保存方便

3. 城建存档照片的拍摄应该遵循的原则有（    ）。

A. 主题鲜明    B. 曝光准确    C. 自然摄取

D. 发挥想象    E. 修饰得当

4. 底片扫描的方法大致有（    ）。

A. 扩印机扫描    B. 彩印机扫描    C. 电分扫描

D. 光电扫描    E. 扫描仪扫描

## 三、判断题

1. 归档的数码照片应是原始版，不能进行技术修改。（    ）

2. 照片档案是以形象记录为主，文字说明为辅的特殊载体档案。（    ）

3. 适当经过修改的数码照片也可以归档。（    ）

4. 城建档案馆还可以从画报、画册、书籍、报刊甚至网络，翻拍或下载一些有价值的城建照片，保存成为档案。（    ）

5. 底片与底片，底片与照片不能相互重叠，应单独装袋，垂立存放。（    ）

6. 底片应安放在可以关闭的装具中保存，避免与可能产生挥发性有害气体的东西存放在一起。（    ）

7. 底片扫描，是将底片的影像信息转换成数码影像文件。（    ）

8. 利用数码照片档案时，可以将数码影像文件的封存载体外借。（    ）

# 第7章 城建电子文件与电子档案管理

## 一、单项选择题

1. 存储电子文件的载体的包装盒上应贴有标签，标签内填写编号、名称、密级、保管期限、（　　）等。

A. 硬件及软件环境　　　B. 硬件名称　　　C. 载体　　　D. 软件信息

2. "文件"是电子文件的（　　）功能属性。

A. 本质　　　　　　　B. 功能　　　　C. 基本　　　D. 信息

3. "数字化"是电子文件的（　　）属性。

A. 本质　　　　　　　B. 功能　　　　C. 技术　　　D. 信息

4. 完整的电子文件包括内容、背景和（　　）三要素。

A. 结构　　　　　　　B. 元数据　　　C. 载体　　　D. 信息

5. 电子文件与其他数字信息的基本区别是（　　）。

A. 特定的用途　　　　　B. 特定的效力

C. 具有文件的属性　　　D. 特定的用途和效力

6. 原电子文件数据集载体在完成电子文件归档后，保留时间至少（　　）年。

A. 半　　　　　　　　B. 1　　　　　C. 2　　　　D. 3

7. 对所保存的电子档案载体，必须进行定期检测，应（　　），采用等距抽样或随机抽样的方式进行。（　　）

A. 每年一次　　　　B. 每年两次　　　C. 每两年一次　　　D. 每三年一次

8. 向城建档案机构移交的图像文件的通用格式是（　　）。

A. JPGE　　　　　　B. PSD　　　　C. GIF　　　D. PNG

9. 向城建档案机构移交的影像文件的通用格式有（　　）。

A. MPEG　　　　　　B. RM　　　　C. MOV　　　D. WMV

10. 向城建档案机构移交的文本文件的通用格式有（　　）。

A. XML　　　　　　B. PDF　　　　C. TIFF　　　D. AVI

11. 纸质档案数字化扫描分辨率参数大小应大于（　　）dpi。

A. 100　　　　　　B. 200　　　　C. 300　　　D. 400

12. 采用黑白二值模式扫描的图像文件，应采用（　　）格式存储。

A. JPGE　　　　　　B. PSD　　　　C. GIF　　　D. TIFF

13. 采用灰度和彩色模式扫描的图像文件，应采用（　　）格式存储。

A. JPGE　　　　　　B. PSD　　　　C. GIF　　　D. TIFF

14. 单份多页文件扫描图像、提供网络查询的扫描图像可用（　　）格式存储。

A. JPGE　　　　　　B. PDF　　　　C. GIF　　　D. TIFF

15. 照片数字化扫描分辨率参数大小应大于或等于（　　）dpi。

A. 100　　　　　　B. 200　　　　C. 300　　　D. 400

16. 底片数字化扫描分辨率参数大小应大于或等于（　　）dpi。

A. 1000　　　　　　B. 1200　　　　　　C. 1400　　　D. 1500

17. 采用灰度模式扫描的照片图像文件，应采用（　　）格式存储。

A. JPGE　　　　　　B. PSD　　　　　　C. GIF　　　D. TIFF

18. 采用彩色模式扫描的照片图像文件，应采用（　　）格式存储。

A. JPGE　　　　　　B. PSD　　　　　　C. GIF　　　D. TIFF

19. 照片档案也可采用数码相机进行数字化，其分辨率不应低于（　　）万像素。

A. 400　　　　　　B. 500　　　　　　C. 600　　　D. 800

20. 音频档案数字化应选用（　　）kHz 作为声音采集标准。

A. 40.8　　　　　　B. 44.1　　　　　　C. 48.5　　　D. 46.8

21. 视频档案数字化应选用（　　）格式存储。

A. AVI　　　　　　B. RM　　　　　　C. MOV　　D. WMV

22. JPEG 格式的数码照片文件大小一般应大于（　　）。

A. 1M　　　　　　B. 2M　　　　　　C. 3M　　　D. 4M

23. TIFF 格式的数码照片文件大小一般应大于（　　）。

A. 8M　　　　　　B. 9M　　　　　　C. 10M　　　D. 11M

24. 对于扫描常规的 3×5 寸照片来说，一般至少采用（　　）进行扫描。

A. 100～200dpi　　　B. 200～300dpi　　　C. 300～400dpi　　　D. 300～500dpi

25. 纸质档案扫描一般采用黑白二值、（　　）和彩色三种。

A. 黑色　　　　　　B. 灰色　　　　　　C. 灰度　　　D. 白度

26. 声像档案数字化时必须远离（　　）等外部干扰。

A. 强音　　　　　　B. 强光　　　　　　C. 强磁场　　D. 强振动

## 二、多项选择题

1. 电子文件的特征，主要有（　　）。

A. 信息的转换性　　　B. 载体的不确定性　　　C. 结构的二重性

D. 信息的易逝性　　　E. 背景信息的完整性

2. 电子文件定义的基本要素有（　　）。

A. 数字设备及环境中形成　　B. 数码形式存储　　　C. 依赖计算机

D. 只能在通信网络上传送　　E. 符合文件的有关要求

3. 电子档案具有以下特性（　　）。

A. 原始性　　B. 完整性　　C. 有效性　　D. 安全性　　E. 多元性

## 三、判断题

1. 电子文件是具有文件特征的数字信息，又是以数字信息为特征的文件。（　　）

2. 电子档案的完整性是指电子文件的内容、结构、背景信息等无缺损。（　　）

3. 需要长期保存的电子文件，应当把归档电子文件与相应机读目录存在同一载体上。

（　　）

# 案例分析题（不分章节）

1. 某单位办公楼 2007 年 4 月 28 日竣工验收并投入使用，至 2008 年 5 月 28 日未向当地城建档案馆管理机构报送该工程档案。

问：（1）当地城建档案馆管理机构是否可以催交？（　　）

A. 可　　　　　　　B. 否

（2）依据《江苏省城建档案管理办法》哪一条规定作为催交依据？（　　）

A. 第二条　　　　B. 第九条第一款　　C. 第十四条　　　D. 第十八条

（3）催交后拒不报送的，由（　　）进行行政执法？

A. 档案行政主管部门　　　　　　　B. 建设行政主管部门

C. 城建档案馆管理机构　　　　　　D. 纪检部门

（4）依据《江苏省工程建设管理条例》可进行处罚，其幅度为（　　）。

A. 一万元以上、十万元以下　　　　B. 五千元以上、五万元以下

C. 一万元以上、五万元以下　　　　D. 五千元以上、十万元以下

2. 某体育馆项目隐蔽工程照片档案归档保存。

问：（1）该照片档案的类别代号（　　）。

A. E　　　　　　　B. G　　　　　　　C. J　　　　　　　D. R

（2）该照片档案是否可与该工程竣工图存放在同一柜橱（　　）。

A. 可以　　　　　　B. 不可以

（3）为使照片档案的安全保存，保管温度为（　　）。

A. 14～24℃　　B. 13～25℃　　C. 14～25℃　　D. 15～25℃

（4）保管湿度为（　　）。

A. 35%～45%　　B. 40%～60%　　C. 45%～60%　　D. 45%～65%

3. 某学校教学楼工程档案要报送给当地城建档案馆。

问：（1）该档案的类别名称、代号为（　　）。

A. 民用建筑类 M　　　　　　　　　B. 公用设施类 L

C. 公用设施类 N　　　　　　　　　D. 民用建筑类 I

（2）该工程档案应当由谁负责报送（　　）。

A. 施工单位　　B. 学校　　　　C. 监理单位　　D. 主管部门

（3）该工程竣工图应当由谁做（　　）。

A. 施工单位　　B. 学校　　　　C. 监理单位　　D. 城建档案馆

（4）该工程档案的保管期限（　　）。

A. 二十年　　　　B. 长期　　　　C. 永久　　　　D. 六十年以上

4. 某单位内部重新规划改造将综合办公楼拆除，该单位档案工作人员将综合办公楼档案销毁，单位给予记大过处分，并罚款 500 元。

问：（1）该档案工作人员能否将档案销毁？（　　）

A. 能 B. 否

(2) 单位是否可以记大过处分？（ ）

A. 可以 B. 不可以

(3) 单位是否有罚款的权限？（ ）

A. 没有 B. 有

(4) 对档案人员罚款的依据是（ ）。

A. 江苏省档案管理条例 B. 城市建设档案管理规定

C. 江苏省工程建设管理条例 D. 江苏省城建档案管理办法

5. 某拆迁公司档案人员对已结束的一个拆迁项目全部文件材料进行整理。

问：（1）综合资料、拆迁户资料、声像资料、电子文件是否应当分开组卷？（ ）

A. 是 B. 否

(2) 拆迁户资料以（ ）为单位进行立卷。

A. 街 B. 巷 C. 门牌号 D. 户

(3) 拆迁户资料卷由建设项目名称、拆迁阶段名称、（ ）、卷内文件材料名称等四部分组成。

A. 地址 B. 姓名 C. 工程号 D. 地址及姓名

(4) 照片、录像、电子文件分别贮存在（ ）内进行归档保存。

A. 同一光盘 B. 不同的光盘

C. 同一只读式光盘 D. 不同的只读式光盘

6. 王某去当地城建档案馆查阅已购买住宅的小区规划审批档案。

问：（1）如小区规划审批档案属于已开放的档案，王某是否可以查阅、复制和摘录？（ ）

A. 可以 B. 不可以

(2) 如小区规划审批档案属于未开放的档案，王某是否可以查阅、复制和摘录？（ ）

A. 可以 B. 不可以 C. 档案馆同意就可以

D. 需要档案移交单位同意

(3) 如小区规划审批档案中有移交单位提出不宜开放的内容，档案馆是否将其列为不宜开放。（ ）

A. 是 B. 否

(4) 如档案馆工作人员擅自将不宜开放利用的内容提供给王某利用，应当对档案馆工作人员怎样处理？

A. 警告 B. 处分 C. 罚款 D. 警告并处罚款

7. 某燃气公司新建一条燃气管道。

问：（1）燃气公司在申领工程规划许可证前，应当去什么部门取得施工地段的地下管线现状资料？（ ）

A. 规划主管部门 B. 市政管理部门 C. 建设主管部门 D. 城建档案管理机构

(2) 燃气管道工程竣工验收后，什么时候向城建档案管理机构移交燃气管道工程档案？（ ）

44

A. 三个月内　　　B. 六个月内　　　C. 一年后　　　D. 验收备案前

（3）燃气公司应当及时将该燃气管道竣工资料修改补充到本单位的地下管线现状图上，并将地下管线现状图和有关资料在什么时候向城建档案管理机构移交。（　　）

A. 每月　　　　　B. 每半年　　　　C. 每年　　　　　D. 每二年

（4）燃气公司未按规定向城建档案管理机构移交地下管线现状图和有关资料，建设主管部门可以进行处罚，其幅度为（　　）。

A. 一万元以上、十万元以下　　　　B. 五千元以上、五万元以下

C. 一万元以上、五万元以下　　　　D. 一万元以下

8. 建设部于 2007 年发布了《建设电子文件与电子档案管理规范》，适用于建设工程电子文件的归档和管理。

问：（1）建设单位应当履行的职责是（　　）。

A. 收集和积累工程准备阶段形成的电子文件

B. 收集和积累工程准备阶段、竣工验收阶段形成的电子文件

C. 收集和积累工程准备阶段、竣工验收阶段形成的电子文件，并整理归档

D. 收集和汇总施工、监理等单位形成的工程电子档案

（2）对具有永久保存价值的可输出打印型电子文件，形成单位（　　）。

A. 应当制成纸质文件　　　　　　　B. 必须制成纸质文件

C. 只保存文件的电子版本　　　　　D. 有选择地保存纸质文件

（3）竣工图电子文件应当采用什么格式存储（　　）。

A. XML　　　　　B. XLS　　　　　C. JPEG　　　　　D. DWG

（4）对存储的建设电子文件的命名（　　）。

A. 由三位阿拉伯数字组成　　　　　B. 由四位阿拉伯数字组成

C. 由汉字组成　　　　　　　　　　D. 由阿拉伯数字加汉字组成

9. 任何一个建设工程项目都应当按规定积累、归档完整的声像档案资料。

问：（1）归档的照片数量视工程项目规模或性质而定，不宜少于（　　）。

A. 10 张　　　　　B. 20 张　　　　　C. 30 张　　　　　D. 50 张

（2）数码照片分辨率不得少于（　　）万像素。

A. 500　　　　　　B. 600　　　　　　C. 800　　　　　　D. 1000

（3）专题录像片片长不应少于（　　）min。

A. 10　　　　　　B. 12　　　　　　C. 15　　　　　　D. 20

（4）归档的照片宜洗成（　　）英寸的彩色照片。

A. 5　　　　　　　B. 6　　　　　　　C. 7　　　　　　　D. 5～7

# 第 8 章　识 图 基 础

## 一、单项选择题

1. 居住建筑指供人们生活起居用的建筑物，下列不属于居住建筑的是（　　）。

A. 住宅　　　　B. 公寓　　　　C. 宿舍　　　　D. 宾馆

2. 民用建筑的等级不包括（　　　）。

A. 耐久等级　　B. 抗震等级　　C. 耐火等级　　D. 工程等级

3. 下列建筑工程等级属于一级工程等级的是（　　　）。

A. 国宾馆　　　B. 国家大会堂　　C. 高级宾馆　　D. 国际会议中心

4. （　　　）是房屋最下部的承重构件。

A. 基础　　　　B. 墙（或柱）　　C. 楼地层　　D. 地基

5. （　　　）是位于建筑物最顶上的承重、围护构件。

A. 屋架　　　　B. 屋面板　　　C. 楼层　　　　D. 屋顶

6. 下列关于房屋建筑的组成构造说法错误的是（　　　）。

A. 墙（或柱）是垂直方向和水平方向的承重、围护构件；

B. 楼地层由楼层与地层组成既是水平承重构件又是竖向分隔构件；

C. 外界荷载由屋顶、楼层，通过板、梁、柱和墙传到基础，再传给地基；

D. 门窗中门起联系房间作用，窗的主要作用是采光和通风。

7. 阳台栏杆形式应防坠落，垂直栏杆间净距不应大于（　　　）mm。

A. 100　　　　B. 110　　　　C. 120　　　　D. 130

8. （　　　）是楼板层的承重部分。

A. 面层　　　　B. 结构层　　　C. 顶棚层　　　D. 附加层

9. 平屋顶的屋面应有 1‰～5‰ 的排水坡，常用的坡度为（　　　）。

A. 2‰～3‰　　B. 2‰～4‰　　C. 2‰～5‰　　D. 3‰～5‰

10. 顶棚造型华美富丽、立体感强，适用于舞厅、门厅的顶棚是（　　　）。

A. 平整式顶棚　　B. 悬吊式顶棚　　C. 井格式顶棚　　D. 凹凸式顶棚

11. 排水是房屋中的污水排出房屋外的构造系统，排水有排水源，它不包括（　　　）。

A. 洗涤池　　　B. 洗菜池　　　C. 浴洗池　　　D. 进水水表

12. 平行投影中，投影线互相平行，并且与 H 投影面垂直的投影为（　　　）。

A. 斜投影　　　B. 正投影　　　C. 斜角投影　　D. 透视投影

13. （　　　）是运用中心投影的原理，绘制出物体在一个投影面上的中心投影所形成真实和直观形象逼真的图形。

A. 轴测投影图　　B. 正投影图　　C. 标高投影图　　D. 透视投影图

14. 一般规定，H 面的标高为零，H 面上方的点标高为正值，下方的点标高为负值，标高的单位以（　　　）计。

A. mm　　　　B. cm　　　　C. m　　　　　D. km

15. 三面视图中，每个图反映物体两个方向的尺寸，即正面图反映物体的（　　　）。

A. 长和高　　　B. 长和宽　　　C. 高和宽　　　D. 前和后

16. （　　　）是建筑工程顶棚装饰时常用的一种投影方法。

A. 局部视图　　B. 镜面投影　　C. 第三角投影　　D. 透视投影

17. 平面图上只能表示（　　　）的尺寸以及水平方向的构造，却不能表达（　　　）方向的尺寸和构造。

    A. 长和宽—高度　　B. 长和高—宽度　　C. 高和宽—长度　　D. 高度—长和宽

18. 假想把物体破碎一小部分，然后对着能看见的内部，画出它的投影图称（　　　）。

    A. 阶梯剖面　　　B. 旋转剖面　　　C. 半剖面　　　D. 局部剖面

19. 有时为了便于读图，在杆件中间的断裂线或波浪线的间隙，画有断面图叫（　　　）。

    A. 移出断面　　　　　　　　B. 杆件中断处断面

    C. 断面的第三角投影　　　　D. 折倒（重合）断面

## 二、多项选择题

1. 下列关于建筑分类中按高度或层数不同的说法正确的是（　　　）。

    A. 除住宅建筑之外的民用建筑高度不大于 24m 者为单层和多层建筑；

    B. 超高层建筑指 40 层以上，高度 100 米以上的建筑物；

    C. 低层住宅在大城市中应当控制建造；

    D. 七层及七层以上或住宅入口层楼面间距室外设计地面的高度超过 16m 以上的住宅必须设置电梯；

    E. 在大城市应控制中高层住宅的修建，以便减少由电梯而增加的建筑造价。

2. 下列建筑工程等级属于特级工程等级的是（　　　）。

    A. 国宾馆　　　　B. 国家大会堂　　　　C. 高级宾馆

    D. 国际会议中心　　E. 高级俱乐部

3. 下列属于民用建筑承重骨架部分的是（　　　）。

    A. 基础　　　　B. 主体结构　　C. 门窗　　　　D. 楼地面　　　E. 屋顶

4. 房屋建筑构造组成中，能承受荷载作用的构件有（　　　）。

    A. 基础　　　　B. 墙（或柱）　　C. 楼地层　　　D. 楼梯　　　　E. 门窗

5. 片筏基础按基础构造型式分为（　　　）。

    A. 平板式　　　B. 独立式　　　C. 条形式　　　D. 箱形式　　　E. 梁板式

6. 楼梯是上下层的交通联系构件，它主要由（　　　）组成。

    A. 楼梯段　　　B. 中间平台和楼层平台　　　　C. 栏杆和扶手

    D. 基础梁　　　E. 平台梁

7. 地面层从下至上由基层、垫层和面层等基本层次组成，有时有附加层包括（　　　）。

    A. 管线敷设层　　B. 隔声层　　　C. 防水层　　　D. 保温或隔热层　　　E. 顶棚层

8. 投影法从投影线的形式不同可以分成（　　　）。

    A. 中心投影　　B. 斜投影　　　C. 标高投影　　D. 平行投影　　E. 正投影

9. 正投影的规律归纳起来就是（　　　）。

    A. 长对正　　　B. 高平齐　　　C. 宽相等　　　D. 前对正　　　E. 宽平齐

10. 下列关于剖面图和断面图的说法错误的是（　　　）。

    A. 剖面图和断面图两者之间是有区别的

    B. 剖面图和断面图两者之间是没有区别的

C. 断面图只画形体被剖切后剖切平面与形体接触到的那部分

D. 剖面图画出剖切平面后面没有被切到但可以看得见的部分

E. 断面图画出剖切平面后面没有被切到但可以看得见的部分

11. 常见的断面图的类型有（　　）。

A. 移出断面　　　　　　　B. 杆件中断处断面　　　C. 断面的第三角投影

D. 折倒（重合）断面　　　E. 分层剖切断面

## 三、判断题

1. 建筑功能、建筑技术、建筑形象是建筑构成的基本要素。（　　）

2. 民用建筑是指供人们居住及进行生产活动等的建筑。（　　）

3. 框架结构适用于跨度大、荷载大、高度大的多层和高层建筑。（　　）

4. 只有民用建筑是由基础（或地下室）、主体结构（墙、柱、梁、板或屋架等）、门窗、楼地面、楼梯（或电梯）、屋顶等六个主要部分组成。（　　）

5. 阳台栏杆形式应防坠落，垂直栏杆间净距不应大于 120mm。（　　）

6. 坡度大于 10％屋面为坡屋顶屋面，设置坡度应便于排除雨水，材料具有一定的防水能力。（　　）

7. 新能源通常指非常规的可再生能源，包括有太阳能、地热能、风能、生物质能、石油等。（　　）

8. 平行投影中，投影线互相平行，并且与 H 投影面垂直的投影为斜角投影。（　　）

9. 利用斜投影原理，物体正放能获得物体某个方向的真实形状和大小的图形。（　　）

10. 平面图在正面图的下面，左侧面图在正面图的右边。（　　）

# 第9章　识读建筑施工图

## 一、单项选择题

1. 图纸幅面即图纸本身的大小规格，图纸的幅面为 A1 的尺寸是（　　）。

A. 841mm×1189mm　　　　　B. 594mm×841mm

C. 420mm×594mm　　　　　　D. 297mm×420mm

2. 图样上的汉字采用国家公布实施的简化汉字，并宜写成（　　）。

A. 长仿宋字　　　　B. 宋体　　　　C. 黑体　　　　D. 楷体

3. 尺寸线、尺寸界线用细实线绘制，图样中的其他图线（如轮廓线、对称中心线等）一律不能用来代替（　　）。

A. 尺寸线　　　　B. 尺寸界线　　　　C. 尺寸起止符号　　D. 轴线

4. 互相平行的尺寸线，间距尽量一致，为（　　）。

A. 6～8mm　　　　B. 6～10mm　　　　C. 7～8mm　　　　D. 7～10mm

5. 关于尺寸标注说法错误的是（　　）。

A. 尺寸由尺寸线、尺寸界线、尺寸起止符号和尺寸数字四部分组成

B. 角度尺寸线以圆弧线表示，圆弧线的圆心应是该角度的顶点

C. 角的两个边作为尺寸界线，起止符号用箭头

D. 角度尺寸数字一律斜向书写

6. 由给水、排水施工图，采暖、通风施工图，电气施工图组成的称（　　）。

A. 施工平面图　　　B. 建筑施工图　　　C. 结构施工图　　　D. 设备施工图

7. 建筑施工图中表示建筑物的主要结构构件位置的点划线称为（　　）。

A. 定位轴线　　　　B. 附加定位轴线　　C. 基准线　　　　　D. 水平线

8. 建筑平面图中关于定位轴线和标高表述不正确的是（　　）。

A. 为了避免和水平方向的阿拉伯数字相混淆，垂直方向的编号不能用 I、O、Z 这三个拉丁字母

B. 对于次要位置的确定，可以采用附加定位轴线的编号，编号用分数表示

C. 标高以米为单位，标高数字在单体建筑物的建筑施工图中注写到小数点后的第三位，在总平面图中注写到小数点后的第二位

D. 底层平面图中的室外平整地面标高符号不能用涂黑三角形表示

9. 下列表述错误的是（　　）。

A. 建筑物的施工图把底层室内主要地坪标高定为相对标高的零点相对标高

B. 指北针一般用细实线画一直径为 24mm 的圆

C. 风玫瑰图上所表示的风的吹向是指从该地区中心吹向外面的

D. 详图符号是用粗实线画出一直径为 14mm 的圆，圆内注写详图的编号

10. 关于建筑总平面图说法错误的是（　　）。

A. 总平面图所反映的范围较大，常用的比例为 1∶500、1∶1000、1∶2000、1∶5000等

B. 主要内容也包括将来拟建的建筑物、道路及绿化

C. 表达规划红线的位置

D. 主要内容需要有建筑工程概况文字说明

11. 建筑工程概况、建筑设计依据、所选用的标准图集的代号、建筑装修、构造的要求属于（　　）表达的内容。

A. 图纸目录　　　　B. 总平面图　　　　C. 施工总说明　　D. 工程做法

12. （　　）图主要反映屋面上天窗、水箱、铁爬梯、通风道及女儿墙、变形缝等的位置。

A. 屋顶平面　　　　B. 底层平面　　　　C. 标准层平面　　D. 顶层平面

13. 建筑构配件门的图例中表述不正确的（　　）。

A. 门的名称代号用 M

B. 图例中剖面图左为外，右为内，平面图上为外下为内

C. 立面图上开启方向线交角的一侧为安装合页的一侧，实线为外开，虚线为内开

D. 平面图上门线应 90°或 45°开启，开启弧线应绘出

14. 立面图中反映出房屋主要的外貌特征的立面图称为（　　　）。

A. 背立面图　　　　　B. 侧立面图　　　　C. 正立面图　　　　D. 南立面图

15. （　　　）应注明各楼楼层面、平台面、楼梯间窗洞的标高、踢面的高度。

A. 楼梯平面图　　　　B. 楼梯剖面图　　　C. 楼梯立面图　　　D. 楼梯节点详图

16. 建筑详图主要表示屋顶、檐口、女儿墙、屋顶圈梁的形状、大小、材料及其构造情况的详图是（　　　）。

A. 外墙详图　　　　　B. 楼梯详图　　　C. 阳台详图　　　　D. 门窗详图

## 二、多项选择题

1. 每个图样应根据其复杂程度及比例，选用适当的线宽，比例较大的图样选用较宽的图线。下列粗线的宽度 $b$ 中可以选取的是（　　　）。

A. 0.35mm　　B. 0.5mm　　C. 0.6mm　　D. 1.0mm　　E. 1.4mm

2. 关于尺寸标注说法正确的是（　　　）。

A. 尺寸由尺寸线、尺寸界线、尺寸起止符号和尺寸数字四部分组成

B. 角度尺寸线以圆弧线表示，圆弧线的圆心应是该角度的顶点

C. 角的两个边作为尺寸界线，起止符号用箭头

D. 角度尺寸数字一律斜向书写

E. 角度尺寸数字一律水平书写

3. 房屋的全套设计图纸主要包括以下（　　　）内容。

A. 施工平面图　　　　B. 建筑施工图　　　　　C. 结构施工图

D. 设备施工图　　　　E. 图纸目录和施工总说明

4. 总平面图中新建房屋的位置的定位方式有（　　　）。

A. 利用新建建筑物和原有建筑物之间的距离定位

B. 利用施工坐标确定新建建筑物的位置

C. 利用新建建筑物与周围道路之间的距离确定新建建筑物的位置

D. 利用新建建筑物和拟拆除建筑物之间的距离定位

E. 利用新建建筑物与临时道路之间的距离确定新建建筑物的位置

5. 有关建筑平面图尺寸表达内容上说法正确的（　　　）。

A. 在平面图中，一般标注三道外部尺寸

B. 中间一道为房间的开间及进深尺寸，表示轴线间的距离，称为轴线尺寸

C. 内部尺寸是说明房间的净空大小和室内的门窗洞、孔洞、墙厚和固定设备的大小位置

D. 建筑平面图上的尺寸分为内部尺寸和外部尺寸

E. 最外面一道尺寸是表示各细部的位置和大小，称为细部尺寸

6. 建筑剖面图是表示建筑物内部垂直方向的（　　　）图样。

A. 结构形式　　B. 分层情况　　C. 内部构造　　D. 各部位高度　　E. 索引符号

7. 楼梯详图是由（　　　）构成。

A. 楼梯平面图　　B. 楼梯段　　C. 休息平台　　D. 楼梯剖面图　　E. 楼梯节点详图

### 三、判断题

1. "国标"中规定的图纸幅面尺寸，必要时可沿短边加长。（　　）

2. 一个会签栏不够用时，可另加一个，两个会签栏应并列；没有不设会签栏的图纸。（　　）

3. 图样中的实物与图形相对应的线性尺寸之比称为比例。（　　）

4. 风玫瑰图上所表示的风的吹向是指从该地区中心吹向外面的。（　　）

5. 红线是规划部门批给建设单位的占地面积，一般用红笔画在图纸上，产生法律效力。（　　）

6. 剖面图一般从室外地坪开始向上直画到屋顶。（　　）

7. 楼梯按传力途径分有板式楼梯和梁板式楼梯。（　　）

# 第10章　识读结构施工图

## 一、单项选择题

1. 结构施工图的主要内容包括结构设计说明、（　　）和构件详图。

A. 基础平面图　　B. 结构平面图　　C. 楼层和屋面结构平面图　　D. 柱网平面图

2. 结构构件代号 WL 表示的构件名称是（　　）。

A. 屋面梁　　　　B. 屋架　　　　　C. 钢筋网　　　　　　D. 屋面板

3. 在构件内主要起着固定受力筋位置的作用，并可承受部分剪应力的是（　　）。

A. 受力筋　　　　B. 箍筋　　　　　C. 架立筋　　　　　　D. 分布筋

4. 《混凝土结构设计规范》GB 50010—2010 中 8.2.1 条，一类环境条件下，设计使用年限为 50 年的混凝土结构梁，最小保护层厚度为（　　）mm。

A. 15　　　　　　B. 20　　　　　　C. 25　　　　　　　　D. 30

5. 下列关于普通钢筋及预应力钢筋混凝土保护层厚度表述正确的（　　）。

A. 混凝土保护层厚度即钢筋中心至混凝土表面的距离

B. 混凝土保护层厚度即钢筋外边缘至混凝土表面的距离

C. 预应力钢筋混凝土保护层厚度应小于钢筋的公称直径

D. 设计使用年限为 100 年的混凝土结构，最外层钢筋的保护层厚度不应小于 50 年的 1.4 倍

6. 平面注写的集中标注表达梁的通用数值，梁集中标注的内容为四项必注值和一项选注值，以下属于选注项的是（　　）。

A. 梁编号　　B. 梁箍筋　　C. 梁上部贯通筋和架立筋根数　　D. 梁顶面标高高差

7. （　　）是建筑物地下部分承重结构的施工图，分为基础平面图和基础详图两部分。

A. 基础图　　　　B. 节点详图　　C. 桩基础图　　　　　　D. 墙体详图

8. 在结构施工图中，表示建筑物上部的结构布置的图样，称为（　　）。

A. 基础详图　　　B. 结构布置图　　C. 楼梯的结构剖面图　　D. 屋顶结构图

9. （　　）是用来补充说明有关焊缝或接头的某些特征（如表面形状、焊缝分布、施

焊地点等）。

    A. 基本符号     B. 补充符号     C. 指引线          D. 焊缝符号

    10. 屋架上方的杆件称上弦杆、下方的杆件称为下弦杆，中间的杆件称为（     ）。

    A. 中间杆     B. 斜杆          C. 竖杆           D. 腹杆

    11. 地质勘探图又叫工程地质勘查报告，一般包括文字和图表两大部分下列不属于文字部分有（     ）。

    A. 工程概况     B. 勘察目的、任务     C. 工程地质、水文条件     D. 土工试验成果表

    12. （     ）主要表示烟囱的高度，断面尺寸的变化，外壁坡度的大小，各部位的标高以及外部的一些构造。

    A. 基础剖面图                B. 烟囱外形图

    C. 囱身断面图                D. 钻孔柱状图囱顶装置

## 二、多项选择题

    1. 结构施工图的主要内容包括结构设计说明、结构平面图和构件详图，其中结构平面图指（     ）。

    A. 基础平面图          B. 楼层结构平面图          C. 楼梯平面图

    D. 屋面结构平面图     E. 柱网平面图

    2. 钢筋混凝土结构中，配置的钢筋按其作用不同分为（     ）。

    A. 受力筋     B. 箍筋     C. 架立筋     D. 结构筋     E. 分布筋

    3. 平面注写的集中标注表达梁的通用数值，梁集中标注的内容为四项必注值和一项选注值，以下属于必注项的内容是（     ）。

    A. 梁编号          B. 梁箍筋          C. 梁上部贯通筋

    D. 梁顶面标高高差     E. 架立筋根数

    4. 基础平面图内容表述正确的是（     ）。

    A. 只要画出基础墙、柱以及它们基础底面的轮廓线，至于基础的细部轮廓线都可以省略不画

    B. 基础内留有孔、洞的位置用虚线表示

    C. 用粗点划线表示基础梁的中心位置

    D. 反映基础的定位轴线及编号，不需要与建筑平面图一致

    E. 基础平面图表示出了基础墙、柱、垫层、孔洞及构件布置的平面关系

    5. 楼梯结构详图由（     ）组成。

    A. 楼梯梁布置图          B. 平台板的结构标高          C. 楼梯的结构平面图

    D. 楼梯的结构剖面图     E. 楼梯构件配筋图

    6. 钢屋架结构详图主要包括屋架简图、屋架详图（包括节点图）、杆件详图以及（     ）。

    A. 连接板详图          B. 预埋件详图          C. 钢材用量表

    D. 屋架的跨度     E. 屋架的高度

    7. 烟囱是在生产或生活中采用燃料的设施，用来排除烟气的高耸构筑物。它的组成内容包括（     ）。

    A. 基础     B. 塔尖     C. 囱身（包括内衬）     D. 囱顶装置     E. 钻孔柱状图

### 三、判断题

1. 混凝土的强度等级 C65、C70、C75 及 C80 等中数字越大，表示混凝土抗压强度越高。（　　）

2. 预应力钢筋混凝土保护层厚度应小于钢筋的公称直径。（　　）

3. 在结构施工图中，表示建筑物上部的结构布置的图样称为结构布置图（　　）。

4. 结构平面图的定位轴线必须与建筑平面图一致。（　　）

5. 焊件经焊接后所形成的结合部分称为焊缝。（　　）

6. 在钢屋架节点处，各杆件和节点板的连接情况及有关尺寸，也常常另画节点详图表示。（　　）

# 第 11 章　识读设备施工图

## 一、单项选择题

1. 下列属于室内给水系统的附属部分内容的是（　　）。
A. 引入管及水表节点
B. 加压、沉淀设备
C. 给水管网
D. 控水、配水器材或用水设备

2. 城市给水管网将给水干管敷于地下，水流经立管、支管从下至上，直接送至各用水及配水设备的为（　　）布置形式。
A. 上行下给式　　B. 中行下给式　　C. 下行上给式　　D. 中行上给式

3. （　　）以建筑平面图为基础（建筑平面以细线画出）表明给水管道、用水设备、器材等平面位置的图样。
A. 室内给水平面图　B. 给水系统图　　C. 节点详图　　D. 室内排水平面图

4. （　　）主要反映卫生洁具、排水管材、器材的平面位置、管径以及安装坡度要求等内容。
A. 排水系统图　　B. 排水施工图　　C. 节点详图　　D. 排水平面图

5. （　　）是表示煤气在进入建筑物前在室外地下的埋置布置图。
A. 煤气室内平面图　B. 系统图　　C. 煤气外线图　　D. 煤气安装详图

6. 在建筑物四角设接地测试点板，接地电阻小于（　　），若不满足应另设人工接地体。
A. 10Ω　　　　B. 15Ω　　　　C. 20Ω　　　　D. 25Ω

7. （　　）主要表示管子在暖气沟内的具体位置，管子的纵向坡度、管径、保温情况、吊架装置等。
A. 总平面图
B. 管道纵、横剖面图
C. 立管图（透视图）
D. 详图

8. （　　）表明管道在空间的曲折和交叉情形，可以看出上下关系，都用线条表示的图。
A. 通风管道的平面图
B. 通风管道的剖面图
C. 系统图
D. 通风施工的详图

## 二、多项选择题

1. 室内给水系统的基本组成中的内容包括（　　）。

A. 引入管　　B. 水表节点　　C. 给水管网　　D. 控水、配水器材或用水设备

E. 加压、沉淀设备

2. 下列属于电气照明施工平面图的内容的有（　　）。

A. 配电箱的位置　　B. 线路的敷设方法　　C. 建筑物的分层高度

D. 屋顶防雷平面图　　E. 室外接地平面图

3. 采暖工程是安装是供给建筑物热量的管道、设备等系统的工程，采暖布管常用的形式有（　　）。

A. 上行式　　B. 下行式　　C. 单立式　　D. 双立式　　E. 中行式

4. （　　）属于通风工程施工图的内容。

A. 通风管道的平面图　　B. 通风管道的剖面图　　C. 系统图

D. 通风施工的详图　　E. 风道安装图

## 三、判断题

1. 排水系统图主要反映卫生洁具、排水管材、器材的平面位置、管径以及安装坡度要求等内容。（　　）

2. 煤气管道的构造是在地下部分不同于给水管道的是要做防腐，管道均用焊接来接长，闸阀要密封。（　　）

3. 在电气照明施工图中，线路敷设方式、照明灯具安装方式等一般采用文字符号的形式来说明。（　　）

4. 风道都安装在房间吊顶内，回风道一般采用砖砌地沟由地坪下通到回风机。（　　）

# 第12章　识读市政工程图

## 一、单项选择题

1. 市政工程图是按照（　　）的基本原理绘制的三面投影图。

A. 斜投影　　B. 中心投影　　C. 标高投影　　D. 正投影

2. 市政工程中常用的两种图是（　　）和工程详图，其图样表达一般采用平面图、立面图、剖面图和断面图等图示方法。

A. 地形图　　B. 基本图　　C. 路线断面图　　D. 路线平面图

3. 关于道路工程施工图的路线纵断面图说法错误的是（　　）。

A. 纵断面图的水平方向表示路线的长度；

B. 纵断面图竖直方向表示设计线和地面的高程；

C. 在纵断面图中，道路的设计线用粗实线表示，原地面线用细实线表示；

D. 道路沿线的工程构筑物如桥梁、涵洞等，应在设计线的左方或右方用竖直引出线标注。

4. 为了减小汽车在弯道上行驶时的横向作用力，道路在平曲线处需设计成外侧高内侧低的形式，道路边缘与设计线的高程差称为（　　　）。

A. 坡度　　　　　B. 标高　　　　　C. 填挖高度　　　　　D. 超高

5. 城市道路横断面图由（　　　）等部分组成。

A. 红线、人行道、绿化带和分离带　　　B. 车行道、人行道、红线和分离带

C. 车行道、人行道、绿化带和分离带　　D. 车行道、红线、绿化带和分离带

6. 城市道路横断面图用两条分隔带或分隔墩把机动车和非机动车交通分离，分隔车行道的形式叫（　　　）。

A. 一块板断面　　　B. 二块板断面　　　C. 三块板断面　　　D. 四块板断面

7. （　　　）是设置在面层之下，并与面层一起将车轮荷载的反复作用最终传递到底土基中。

A. 地基　　　　　B. 基层　　　　　C. 垫层　　　　　D. 联结层

8. 桥梁由上部桥跨结构、下部结构及附属结构三部分组成，下列（　　　）属于上部桥跨结构。

A. 主梁或主拱圈和桥面系　　　　　B. 桥台、桥墩和基础

C. 栏杆、灯柱、护岸、排水设施　　　D. 主梁和桥墩

9. 桥跨结构是在路线中断时，跨越障碍的主要承载结构，称之为（　　　）。

A. 上部结构　　B. 中部结构　　C. 下部结构　　　D. 附属结构

10. 桥墩和桥台是支承桥跨结构并将恒载和车辆等活载传至地基的建筑物，称为（　　　）。

A. 上部结构　　　B. 中部结构　　　C. 下部结构　　　D. 附属结构

11. 梁桥为桥跨结构两支承点（支座）之间的距离，拱桥为相邻两拱脚截面形心间的水平距离，该尺寸参数叫（　　　）。

A. 计算跨度　　　B. 计算跨径　　　C. 净跨径　　　D. 标准跨径

12. （　　　）主要用于表示桥梁在所属道路中的位置，桥梁与河道关系，工程周边环境条件，桥梁的跨越形式、跨径分布等情况。

A. 桥梁平面图　　　　　　　　　B. 桥位地质断面图

C. 桥梁总体布置图　　　　　　　D. 桥梁下部结构工程图

13. （　　　）表达主要内容包括桥跨结构的横向布置，桥面体系的构成，桥梁墩台、基础等。

A. 立面图　　　B. 横断面图　　　C. 平面图　　　D. 地质断面图

14. （　　　）是桥墩顶端的传力部分，它通过支座承托着上部结构，并将相邻两孔桥上的恒载和活载传到墩身上。

A. 桥基　　　　　B. 墩帽　　　　　C. 墩身　　　　　D. 墩头

15. 有关桩柱式桥墩的表述错误的内容是（　　　）。

A. 墩身高度大于6～7m时，可设横系梁加强柱身横向联系

B. 桩柱式桥墩一般由承台、柱式墩身和盖梁组成

C. 我国常采用钻孔灌注桩双柱式桥墩

D. 当墩身桩的高度大于2倍的桩距时，通常就在桩柱之间布置横系梁，以增加墩身的侧向刚度

16. 桥梁伸缩装置又称为（　　），其主要用途是满足桥梁上部结构的变形。

A. 伸缩缝　　　　　B. 变形缝　　　　　C. 沉降缝　　　　　D. 防震缝

## 二、多项选择题

1. 基本图是用来表明某项工程外部形状、内部构造以及相关联系的整体情况内容的图，（　　）属于基本图。

A. 地形图　　　　　B. 路线图　　　　　C. 路线横断面图

D. 路线平面图　　　E. 路线纵断面图

2. 下列关于道路工程施工图的说法正确的是（　　）。

A. 道路路线平面图所用比例一般较小，通常在城镇区为1∶500或1∶1000

B. 在路线平面图上应用指北针或测量坐标网来指明道路在该地区的方位与走向

C. 里程桩号应从路线的起点至终点依次顺序编号

D. 公里桩宜标注在路线前进方向的右侧

E. 百米桩宜标注在路线前进方向的右侧，用垂直于路线的细短线表示桩位

3. 路基横断面图的基本形式有（　　）。

A. 路堤　　B. 路堑　　C. 半填半挖路基　　D. 半填路基　　E. 半挖路基

4. 城市道路横断面图由（　　）等部分组成

A. 车行道　　B. 人行道　　C. 红线　　　　D. 绿化带　　E. 分离带

5. 路面纵向结构层的组成包括（　　）。

A. 面层　　B. 基层　　C. 垫层　　　　D. 联结层　　E. 地基

6. 一套桥梁工程施工图包括封面、目录和设计总说明，桥梁平面图，桥位地质断面图，桥梁总体布置图，桥梁下部结构工程图等，下列（　　）是设计总说明的内容。

A. 设计依据　　　　　B. 调查资料　　　　　C. 设计技术指标

D. 读图注意事项　　　E. 主要工程量统计

7. 有关桩柱式桥墩的表述正确的内容是（　　）。

A. 墩身高度大于6～7m时，可设横系梁加强柱身横向联系

B. 桩柱式桥墩一般由承台、柱式墩身和盖梁组成

C. 当墩身桩的高度大于2倍的桩距时，通常就在桩柱之间布置横系梁，以增加墩身的侧向刚度

D. 我国常采用钻孔灌注桩双柱式桥墩

E. 桩柱桥墩常用的型式有独柱式、双柱式、哑铃式以及混合双柱式四种

## 三、判断题

1. 路线平面图的主要内容包括地形图和路线图两部分。（　　）

2. 里程桩号应从路线的起点至终点依次顺序编号。（　　）

3. 百米桩宜标注在路线前进方向的左侧。（　　）

4. 路线横断面是用假想的剖切平面，垂直于路中心线剖切而得到的图形。（　　）

5. 桥梁总体布置图主要由立面图、横断面图、平面图、地形图组成。（　　）

6. 桥梁墩台是桥梁的重要结构，支承着桥梁上部结构的荷载，并将它传给地基。

（　　）

7. 基础的埋置深度（除岩石地基外）应在天然地面或河底以下不少于 0.5m。（　　）

# 第 13 章　编制竣工图

## 一、单项选择题

1. 竣工图最基本的特征是（　　）。

A. 记录工程变更　　　　B. 隐蔽工程验收特征描述

C. 图纸会审记录　　　　D. 图物相符

2. 竣工图是真实反映建设工程施工结果的图样，竣工图表述错误的是（　　）。

A. 竣工图是各种地上地下建筑物，构筑物等情况的真实记录

B. 竣工图是工程交工验收、维护、改建、扩建的依据

C. 竣工图是工程档案的重要组成部分

D. 竣工图与施工图没有本质的区别

3. 有关竣工图与施工图区别的说法不正确的（　　）。

A. 施工时的设计变更、工程洽商记录等对施工图的修改不是编绘竣工图的依据

B. 竣工图是建设工程施工过程中形成的完全反映工程施工结果的图纸

C. 竣工图的编制必须一边施工，一边编制

D. 施工图是编制竣工图的基础

4. 在工程建设施工过程中对原施工图进行的（　　）工作不属于竣工图编制工作。

A. 注记或补充　　B. 修改　　C. 变更设计　　D. 按实际情况重新绘制

5. 如果完全按图施工，即工程没有变动的，由（　　）在原施工图上加盖竣工图章标志，施工图就变成了竣工图。

A. 监理单位　　　　　　B. 建设单位

C. 政府行政主管单位　　D. 施工单位

6. 下列情况应重新绘制改变后的竣工图，除了（　　）。

A. 工程项目、结构形式、工艺、平面布置等发生重大改变；

B. 完全按图施工，工程没有变动的；

C. 不宜再在原施工图上修改补充；

D. 修改内容超过 1/3 幅面的。

7. （　　）在原施工图上将不需要的线条用粗直线或叉线划去，重新编制竣工图的真实情况。

A. 杠划法　　　　B. 刮改法　　C. 贴图更改法　　D. 注记修改法

8. 施工合同中没有约定，大中型建设项目和城市住宅小区建设项目的竣工图不得少于（　　）套。

A. 一　　　　　B. 二　　　　C. 三　　　　D. 四

9. 小型建设项目的竣工图不得少于一套，移交（　　）保管。

A. 建设单位　　B. 监理单位　　C. 施工单位　　D. 城建档案馆

## 二、多项选择题

1. 竣工图是真实反映建设工程施工结果的图样，竣工图表述正确的是（　　）。

A. 竣工图是各种地上地下建筑物，构筑物等情况的真实记录

B. 竣工图是工程交工验收、维护、改建、扩建的依据

C. 竣工图是工程档案的重要组成部分

D. 竣工图最基本的特征是图物相符

E. 竣工图与施工图没有本质的区别

2. 有关竣工图与施工图区别的说法正确的（　　）。

A. 施工图是建设工程施工前产生的，是指导施工的依据

B. 竣工图是建设工程施工过程中形成的完全反映工程施工结果的图纸

C. 竣工图的编制必须一边施工，一边编制

D. 施工图是编制竣工图的基础

E. 施工时的设计变更、工程洽商记录等对施工图的修改不是编绘竣工图的依据

3. 竣工图编制工作，就是按照国家关于编绘竣工图的有关规定，在工程建设施工过程中对原施工图进行（　　）的工作。

A. 注记　　　B. 补充　　　C. 修改　　　　D. 变更设计　　　E. 按实际情况重新绘制

4. 在施工蓝图上直接对工程变更进行修改的方法主要有（　　）。

A. 杠划法　　B. 刮改法　　C. 贴图更改法　　D. 注记修改法　　E. 变更法

## 三、判断题

1. 竣工图最基本的特征是图物相符。（　　）

2. 竣工图不能作为司法鉴定裁决的法律凭证。（　　）

3. 编制竣工图会产生变更不修改或修改不完全的问题。（　　）

4. 施工合同中没有约定，大中型建设项目和城市住宅小区建设项目的竣工图不得少于两套。（　　）

# 案例分析题（不分章节）

一、结合建筑工程施工图常用图例符号，回答以下问题：

1. 建筑施工图中用于标注标高的图例为（　　）。

A. ②　　　　　　B. ③　　　　　　C. ④　　　　　　D. ⑤

①：　　②：　　③：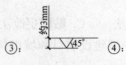　　④：　　⑤：

2. 关于图例1的含义说法错误的是（　　）。

A. 这种表示方法叫做详图索引标志

B. 图中圆圈中的"分子"数"5"表示详图的编号

C. 图中圆圈中的"分子"数"5"表示画详图的那张图纸的编号

D. 图中圆圈中的"分母"数"3"表示画详图的那张图纸的编号

3. 上述图例中不仅能够识读方位，而且能表达主导风向的是（　　）。

A. ② B. ③ C. ④ D. ⑤

4. 完全对称的构件图，可在构件中心线上画上图例（　　）。

A. ② B. ③ C. ④ D. ⑤

二、某工程的平面图和立面图如下所示。

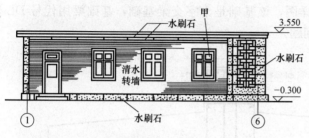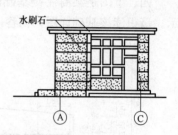

1. 该工程立面图命名说法正确的是（　　）。

A. ①～⑥轴立面图为南立面图　　　　B. A～C 轴立面图为南立面图

C. ①～⑥轴立面图为北立面图　　　　D. A～C 轴立面图为北立面图

2. 该工程的室内外高差为（　　）。

A. 0.250m B. 0.300m C. 0.350m D. 无法确定

3. 根据平面图中的详图索引符号可知详图所在的图纸编号为（　　）。

A. 1 B. 2 C. 3 D. 本图中

4. 该工程墙体的厚度不可能是（　　）。

A. 360 B. 240 C. 180 D. 120

三、某工程基础详图如下图所示，该详图由平面图和剖面图组成。

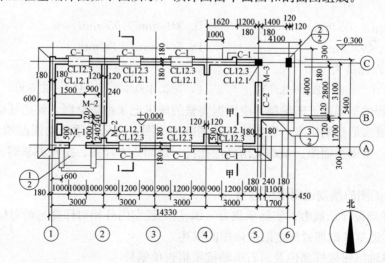

JC 详图

1. 该工程采用的基础形式为（　　）。

A. 条形基础 B. 独立基础 C. 筏板基础 D. 复合基础

2. 剖面图 1-1 的投影方向为（　　　）。

A. 从左向右　　　B. 从右向左　　　C. 从上向下　　　D. 从下向上

3. 该基础尺寸为（　　　）。

A. 2200mm×2000mm×600mm　　　B. 2200mm×2400mm×600mm

C. 2200mm×2000mm×700mm　　　D. 2200mm×2400mm×700mm

4. 基础底面标高为（　　　）。

A. −0.600　　　B. −0.900　　　C. −1.200　　　D. −1.300

四、下图是某商住楼基础断面详图，该基础是十字交梁基础，基础梁用代号 DL 表示。请识读该基础详图，回答以下问题。

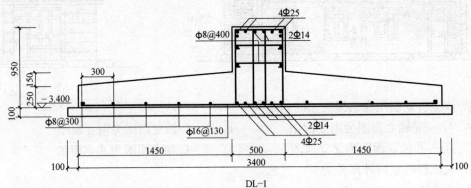

DL-1

1. 该商住楼基础详图采用的绘图比例最可能为（　　　）。

A. 1∶1　　　B. 1∶20　　　C. 1∶100　　　D. 1∶200

2. 基础底部配置的受力钢筋为（　　　）。

A. 直径为 16 的二级钢筋，间距 130mm　　　B. 直径为 14 的二级钢筋，间距 130mm

C. 直径为 8 的一级钢筋，间距 400mm　　　D. 直径为 8 的一级钢筋，间距 300mm

3. DL1 的尺寸为（　　　）。

A. 3600mm×1050mm　　　B. 3400mm×950mm

C. 500mm×950mm　　　D. 500mm×1050mm

4. 基础底面标高为（　　　）。

A. −0.950　　　B. −3.150　　　C. −3.400　　　D. −3.500

五、某工程的基础竣工图编制，应根据完整的施工记录重新绘制。要把基础的纵横断面和地质情况真实的绘制出来，重新绘制的基础竣工图，应采用重新绘图的竣工图图标。图纸内容包含：基础平面图、基础坑槽（挖孔桩）剖面、大样图、挖孔桩基础一览表等。

问题：

1. 基础竣工图的编制说明不应包括（　　　）。

A. 地基基础设计承载力、实际承载力　　　B. 该工程室内外相对标高与绝对标高的关系

C. 该工程地基基础埋置深度取值依据的描述

D. 岩石单轴抗压取样部位及岩石单轴抗压报告单编号

2. 编绘竣工图用于扛改图形尺寸和文字说明常用（　　　）标注符号。

A. 扛改线　　　B. 叉线　　　C. 引出标注线　　　D. 索引符号与引出线

3. 基础竣工图编制时间为（　　　）。

A. 工程竣工后　　　　　　　　　B. 基础结构验收后一个月内

C. 主体结构验收后一至三个月内完成　　D. 工程交付使用后

4. 编制各种竣工图必须在施工过程中，在施工过程中编制竣工图的优点不包括（　　）。

A. 分散工作量　　　　　　　　　B. 清楚掌握情况

C. 管理水平高　　　　　　　　　D. 及时核对误差

# 四、参 考 答 案

## 第1章　城建档案概述

**(一) 单项选择题**

1. B；2. D；3. D；4. C；5. B；6. A

**(二) 多项选择题**

1. ACD；2. BDE；3. ABCE；4. ABC；5. CDE；6. ABCD；7. ACD；8. ABE；9. BCE；10. BCDE；11. ABD；12. ABCE

**(三) 判断题**

1. A；2. B；3. A；4. B；5. A；6. B；7. A；8. A；9. B

## 第2章　城建档案工作

**(一) 单项选择题**

1. B；2. B；3. C；4. C；5. A；6. D；7. D；8. D

**(二) 多项选择题**

1. AC；2. ABCE；3. ABDE；4. ABCD；5. ABDE；6. ABCD；7. ABCD；8. ACDE；9. ABD；10. ABC；11. ACD；12. ACDE；13. ABCD；14. ABC；15. ABCD

**(三) 判断题**

1. A；2. B；3. A；4. B；5. A；6. B；7. A；8. A；9. B；10. A；11. A；12. A；13. A；14. B；15. B；16. B；17. B

## 第3章　城建档案法制

**(一) 单项选择题**

1. C；2. C；3. A；4. A；5. D；6. B；7. A；8. B；9. B；10. A；11. B；12. C；

13. B；14. B；15. B；16. B；17. C；18. C；19. B；20. C；21. C；22. B；23. C；
24. B；25. A；26. B；27. B；28. C；29. B；30. C；31. C；32. D；33. B；34. B

### （二）多项选择题

1. BC；2. BC；3. ABCDE；4. AC；5. BD；6. BC；7. ABC；8. BC；9. CD；
10. BD；11. BD；12. BD；13. AD；14. ABCD；15. BE；16. ABCD；17. ABCD；
18. ABCD；19. ABC；20. ABD；21. AC；22. ABCD；23. BC；24. ABCD；25. ABCD；
26. ACD；27. AC；28. ABCD；29. BC；30. ABC；31. AD；32. ABCE；33. ABC；
34. AC；35. ABCD

### （三）判断题

1. A；2. A；3. A；4. A；5. A；6. A；；7. A；8. A；9. A；10. A；11. B；
12. A；13. B；14. A；15. A；16. A；17. A；18. A；19. A；20. A；21. A；22. A；
23. A；24. A；25. A；26. B；27. A；28. A；29. B；30. B；31. A；32. A；33. B；
34. A；35. B 36. B 37. A；38. B；39. A；40. A；41. A；42. A；43. A；44. B

# 第4章　城建档案的管理

## （一）单项选择题

1. A；2. C；3. A；4. D；5. C；6. B；7. D；8. A；9. B；10. D；11. A；12. B；
13. D；14. A；15. A；16. D；17. C；18. D；19. B；20. B 21. A；22. C；23. C；
24. A；25. C；26. C；27. A；28. B；29. D；30. C；31. C；32. A；33. C；34. B；
35. D；36. A；37. A；38. B；39. C；40. C；41. C；42. C；43. A；44. C；45. D；
46. C；47. B；48. C；49. D；50. D；51. C；52. C；53. B；54. C；55. C；56. B；
57. D；58. A；59. A；60. C；61. D；62. B；63. A；64. B；65. A；66. B；67. B；
68. A；69. B；70. A；71. C；72. D；73. C；74. B；75. A

## （二）多项选择题

1. BE；2. BCD；3. ADE；4. ABDE；5. ACDE；6. ABCD；7. BDE；8. ABDE；
9. ABCD；10. ABCE；11. ABCD；12. ABDE；13. ABD；14. ACE；15. BDE；
16. ABC；17. ABDE；18. ABC；19. ABCD；20. ABCD；21. ABCD；22. ABCD；
23. ABC；24. ABCD

## （三）判断题

1. A；2. A；3. B；4. A；5. B；6. A；7. A；8. B；9. A；10. B；11. A

## 第 5 章　城建档案编研

**（一）单项选择题**

1. D；2. B；3. D；4. D；5. B；6. D；7. C；8. C；9. A；10. A；11. D；12. B

**（二）多项选择题**

1. ABDE；2. ABCD；3. BCDE；4. DE；5. ABC；6. AB

**（三）判断题**

1. A；2. B；3. B；4. B；5. A

## 第 6 章　城建声像档案

**（一）单项选择题**

1. A；2. C；3. A；4. A；5. D；6. B；7. D；8. C；9. D；10. A；11. C；12. A；13. A；14. D；15. A；16. B；17. A；18. B；19. D

**（二）多项选择题**

1. ABCD；2. ABCD；3. ABC；4. ACE

**（三）判断题**

1. A；2. A；3. B；4. A；5. A；6. A；7. A；8. B

## 第 7 章　城建电子文件与电子档案管理

**（一）单项选择题**

1. A；2. B；3. C；4. A；5. D；6. B；7. A；8. A；9. A；10. A；11. A；12. D；13. A；14. B；15. D；16. D；17. D；18. A；19. B；20. B；21. A；22. A；23. C；24. D；25. C；26. C

**（二）多项选择题**

1. ABCD；2. ABCE；3. ABCD

**（三）判断题**

1. A；2. B；3. A

# 案例分析题（不分章节）

1. (1) A；(2) B；(3) B；(4) A
2. (1) D；(2) B；(3) A；(4) C
3. (1) D；(2) B；(3) A；(4) C
4. (1) B；(2) A；(3) A；(4) A
5. (1) A；(2) D；(3) D；(4) D
6. (1) A；(2) C；(3) A；(4) D
7. (1) D；(2) D；(3) C；(4) D
8. (1) C；(2) B；(3) D；(4) D
9. (1) A；(2) A；(3) A；(4) D

# 第8章　识图基础

## （一）单项选择题

1. D；2. B；3. C；4. A；5. D；6. A；7. B；8. B；9. A；10. D；11. D；12. B；
13. D；14. C；15. A；16. B；17. A；18. D；19. B

## （二）多项选择题

1. ABCD；2. ABD；3. ABDE；4. ABCD；5. AE；6. ABCE；7. ABCD；8. AD；
9. ABC；10. BE；11. ABCD

## （三）判断题

1. A；2. B；3. A；4. B；5. B；6. A；7. B；8. A；9. B；10. A

# 第9章　识读建筑施工图

## （一）单项选择题

1. B；2. A；3. A；4. D；5. D；6. D；7. A；8. D；9. C；10. D；11. C；12. A；
13. B；14. C；15. B；16. A

## （二）多项选择题

1. ABDE；2. ABCE；3. BCDE；4. ABC；5. ABCD；6. ABCD；7. ADE

## （三）判断题

1. B；2. B；3. B；4. B；5. A；6. A；7. A

## 第10章　识读结构施工图

**(一) 单项选择题**

1. B；2. A；3. B；4. B；5. B；6. D；7. A；8. B；9. B；10. D；11. D；12. B

**(二) 多项选择题**

1. ABDE；2. ABCE；3. ABCE；4. ABCE；5. CDE；6. ABC；7. ACD

**(三) 判断题**

1. A；2. B；3. B；4. A；5. A；6. A

## 第11章　识读设备施工图

**(一) 单项选择题**

1. B；；2. C；3. A；4. D；5. C；6. A；7. B；8. C

**(二) 多项选择题**

1. ABCD；2. ABDE；3. BD；4. ABCD

**(三) 判断题**

1. B；2. A；3. A；4. A

## 第12章　识读市政工程图

**(一) 单项选择题**

1. D；2. B；3. D；4. D；5. C；6. C；7. B；8. A；9. A；10. C；11. B；12. A；13. B；14. B；15. D；16. A

**(二) 多项选择题**

1. CDE；2. ABCD；3. ABC；4. ABDE；5. ABCD；6. ABCE；7. ABDE

**(三) 判断题**

1. A；2. A；3. B；4. A；5. B；6. A；7. B

## 第13章　编制竣工图

**（一）单项选择题**

1. D；2. D；3. A；4. C；5. D；6. B；7. A；8. B；9. A

**（二）多项选择题**

1. ABCD；2. ABCD；3. ABCE；4. ABCD

**（三）判断题**

1. A；2. B；3. A；4. A

# 案例分析题（不分章节）

一、1. B；2. C；3. C；4. D
二、1. A；2. B；3. B；4. C
三、1. B；2. D；3. A；4. C
四、1. B；2. A；3. B；4. C
五、1. C；2. A；3. B；4. C

第二部分

# 专业管理实务

# 一、教 学 大 纲

## 第1章 概 述

### （一）教学内容

（1）工程文件与工程档案的形成；
（2）工程档案的特点；
（3）工程档案的种类及范围；
（4）工程档案法规。

### （二）教学重点

（1）建设工程项目、基本建设程序的概念及其划分，工程文件和工程档案的概念、内容及其相互之间的关系；
（2）工程档案形成的多源性、积累的周期性等主要特点；
（3）工程档案的主要种类。

### （三）教学难点

（1）基本建设程序及其相关定义；
（2）工程档案十个种类及其属类的划分。

### （四）教学课时

建议2学时。

## 第2章 工程准备阶段文件

### （一）教学内容

（1）工程准备阶段文件的形成；
（2）工程准备阶段主要文件；
（3）工程准备阶段文件的主要内容与要求。

### （二）教学重点

（1）工程立项文件、建设用地文件、工程设计文件、工程招标投标文件、开工审批文件；

（2）工程准备阶段文件的主要内容与形成要求。

### （三）教学难点

（1）工程立项过程及其文件形成，工程设计过程及其文件形成；
（2）工程准备阶段文件的主要内容与要求实例。

### （四）教学课时

建议 4 学时。

# 第3章　工程实施阶段文件

### （一）教学内容

（1）工程监理文件的形成；
（2）工程监理主要文件；
（3）工程监理文件的主要内容与要求；
（4）施工文件的形成；
（5）施工主要文件；
（6）施工文件的主要内容与要求。

### （二）教学重点

（1）按照规范应报送城建档案馆的主要工程监理文件；
（2）工程监理文件的主要内容与形成要求；
（3）按照规范应报送城建档案馆的主要施工文件；
（4）施工文件的主要内容与形成要求。

### （三）教学难点

（1）工程施工监理工作流程及主要文件形成过程；
（2）工程监理文件的主要内容与要求实例；
（3）工程施工基本流程及主要文件形成过程；
（4）施工文件的主要内容与要求实例。

### （四）教学课时

建议 8 学时。

# 第4章　工程竣工验收阶段文件

### （一）教学内容

（1）工程竣工验收阶段文件的形成；

（2）工程竣工验收阶段重要文件；

（3）工程竣工图的形成。

## （二）教学重点

（1）按规范应报送城建档案馆的主要工程竣工验收文件；

（2）工程竣工验收阶段文件主要内容与形成要求；

（3）工程竣工图编制几种形式与有关问题。

## （三）教学难点

（1）工程竣工验收工作基本流程及文件形成过程；

（2）工程竣工验收文件的主要内容与要求实例；

（3）工程竣工图类型、主要内容与要求实例。

## （四）教学课时

建议 6 学时。

# 第 5 章　工程文件的质量

## （一）教学内容

（1）工程文件的质量要求；

（2）影响工程文件质量的因素；

（3）工程文件质量的控制与保证。

## （二）教学重点

（1）工程文件质量要求的主要方面；

（2）工程文件质量因素的分析。

## （三）教学难点

（1）工程文件内容及深度符合规范标准的解析；

（2）工程文件质量的控制点。

## （四）教学课时

建议 2 学时。

# 第 6 章　工程文件的积累与收集

## （一）教学内容

（1）工程文件积累与收集的要求；

（2）工程文件积累与收集的基本范围；

（3）工程文件积累与收集的方法和措施。

## （二）教学重点

（1）工程文件积累与收集的主要要求；

（2）工程文件积累与收集范围的原则；

（3）工程文件积累与收集的基本方法及主要措施。

## （三）教学难点

（1）工程文件积累与收集范围的确定；

（2）工程文件积累与收集的保障措施。

## （四）教学课时

建议 3 学时。

# 第 7 章　工程文件的立卷

## （一）教学内容

（1）立卷的原则与要求；

（2）立卷的方法；

（3）案卷的排列与编目；

（4）案卷的检查与装订。

## （二）教学重点

（1）立卷的三点原则和六点要求；

（2）立卷的具体方法；

（3）案卷排列和编目的具体内容。

## （三）教学难点

（1）组合案卷时的分卷与合卷；

（2）档号和案卷题名的编写。

## （四）教学课时

建议 4 学时。

# 第 8 章　工程文件的归档

## （一）教学内容

（1）工程文件归档与管理职责；

（2）工程文件归档要求；

（3）工程文件归档时间；

（4）归档文件的审查与归档手续。

## （二）教学重点

（1）参建各方在工程文件归档方面的职责；

（2）工程文件归档要求与审查。

## （三）教学难点

（1）归档文件必须是原件；

（2）工程文件归档时间。

## （四）教学课时

建议 2 学时。

# 第 9 章　工程档案的验收与移交

## （一）教学内容

（1）工程档案的验收；

（2）工程档案的移交与接收。

## （二）教学重点

（1）工程档案预验收；

（2）工程档案移交要求。

## （三）教学难点

（1）工程档案多级验收制；

（2）工程档案预验收与验收的关系。

## （四）教学课时

建议 1 学时。

# 二、考 试 大 纲

## 第1章 概　述

基本要求：

1. 熟悉基本建设程序；

2. 掌握工程文件与工程档案的概念及关系；

3. 掌握工程档案的主要特点及种类；

4. 了解工程档案法规。

具体内容：

1. 建设工程项目的定义及其组成；

2. 基本建设程序的概念及其划分；

3. 工程文件与工程档案的形成、概念及关系；

4. 工程档案的主要特点；

5. 工程档案的种类及其划分；

6. 工程档案法规体系、法规制度和法规责任。

## 第2章　工程准备阶段文件

基本要求：

1. 了解工程准备阶段的过程，工程项目招标范围；

2. 掌握城市规划的"一书两证"，符合开工要求的施工图具备的条件，工程设计程序；

3. 熟悉工程准备阶段产生的七个方面的文件。

具体内容：

1. 工程立项文件的内容；

2. 城市规划部门核发的"一书两证"，建设用地、征地、房屋征收（拆迁）文件所包括的内容；

3. 勘察、测绘、设计文件一般包括的内容，工程设计的程序，施工图符合开工要求所必须具备的条件；

4. 工程项目招投标范围和规模标准的规定，工程项目招投标过程中产生的文件；

5. 满足存档要求的工程开工审批文件的内容；

6. 建设单位应提供的工程项目建设各方机构及负责人名单。

# 第3章　工程实施阶段文件

基本要求：

1. 了解工程监理文件形成过程，施工文件形成过程；

2. 掌握工程监理文件内容，土建工程和电气、给排水、消防、采暖、通风、空调、燃气、建筑智能化、建筑节能、电梯工程等文件内容，市政基础设施工程文件内容。

具体内容：

1. 工程监理工作文件的内容，如何编制；

2. 工程监理文件的形成和内容及其分类；

3. 监理月报、监理通知的编制及其报送；

4. 监理总结的基本内容；

5. 工程施工过程中形成的文件包括的主要方面；

6. 开工前施工单位向项目监理部报送资料的范围；

7. 材料、设备报验的要求；

8. 填充墙砌体施工过程中报送资料的内容；

9. 施工单位报送幕墙工程质量控制方面的资料范围；

10. 电气、给排水、消防、采暖、通风、空调、燃气、建筑智能化、建筑节能和电梯、管线、设备安装过程中，形成的文件包括的主要方面；文件（资料）审报的基本要求；

11. 市政基础设施工程施工的原材料、成品、半成品、构配件及设备进场的一般规定要求。

# 第4章　工程竣工验收阶段文件

基本要求：

1. 了解建设工程竣工验收应具备的条件；

2. 掌握工程竣工备案的要求及所形成文件内容；

3. 熟悉工程竣工验收文件包括的范围；

4. 熟悉工程竣工图编制依据和构成内容。

具体内容：

1. 建设工程竣工验收具备的条件及组织单位；

2. 工程竣工备案的要求及文件内容；

3. 工程竣工总结包括的方面和内容；

4. 工程竣工验收阶段形成的竣工验收文件的范围；

5. 工程竣工图的类型和编制方法；

6. 工程竣工验收非纸质文件的内容要求。

# 第5章　工程文件的质量

基本要求：

1. 掌握工程文件的质量要求；

2. 熟悉影响工程文件质量的因素；

3. 了解工程文件质量的控制方法。

具体内容：

1. 文件内容、制成材料及外观的质量要求；

2. 影响工程文件质量的因素；

3. 工程文件质量的控制方法。

# 第6章　工程文件的积累与收集

基本要求：

1. 掌握工程文件积累与收集的要求；

2. 熟悉工程文件积累与收集的范围；

3. 了解工程文件积累与收集的方法和措施。

具体内容：

1. 工程文件积累与收集的具体要求；

2. 确定工程文件积累与收集范围的原则和具体的收集范围；

3. 工程文件积累的一般方法和收集的基本方法；

4. 工程文件积累与收集的责任单位和措施。

# 第7章　工程文件的立卷

基本要求：

1. 熟悉工程文件立卷的原则、要求及方法；

2. 掌握案卷的排列与编目；

3. 掌握案卷的检查与装订方法。

具体内容：

1. 工程文件立卷的原则和要求；

2. 工程文件立卷的具体方法；

3. 工程文件的分卷与合卷；

4. 案卷的排列与编目；

5. 案卷的检查与装订。

# 第 8 章　工程文件的归档

基本要求：

1. 熟悉各单位在工程文件归档工作中的职责；

2. 掌握工程文件的归档要求；

3. 掌握工程文件的归档时间、套数和归档手续；

4. 了解工程文件审查的内容和组织。

具体内容：

1. 各参建单位和城建档案馆在工程文件归档工作中的职责；

2. 工程文件的归档要求；

3. 工程文件按建设程序和工程特点归档的时间；

4. 各参建单位工程文件归档时限；

5. 归档文件审查的内容和组织；

6. 归档文件的套数和归档手续。

# 第 9 章　工程档案的验收与移交

基本要求：

1. 掌握工程档案验收的范围、内容和标准；

2. 熟悉工程档案移交要求和手续。

具体内容：

1. 工程档案预验收的范围、内容和程序；

2. 工程档案验收的内容和程序；

3. 工程档案的移交要求；

4. 工程档案的移交手续。

# 三、习　题

## 第1章　概　述

### 一、单项选择题

1. 建设工程项目是由一个或若干个具有内在联系的（　　）所组成。

A. 工程　　　　　B. 项目　　　　　C. 检验批　　　　　D. 工序

2. 单位工程是指具有独立的（　　），竣工后可以独立发挥生产能力或工程效益的工程，并构成建设工程项目的组成部分。

A. 施工图　　　　B. 设计文件　　　C. 使用功能　　　D. 专业

3. 分部工程是指单位工程中可以独立组织（　　）的工程。

A. 设计　　　　　B. 验收　　　　　C. 施工　　　　　D. 核算

4. （　　）是由一个或若干个检验批组成的基本单元工程。

A. 检验批　　　　B. 分部工程　　　C. 工序　　　　　D. 分项工程

5. （　　）是工程验收的最小单位。

A. 检验批　　　　B. 分部　　　　　C. 工序　　　　　D. 分项

6. 工程竣工验收阶段程序有：预验收、各项专项验收、竣工验收和（　　）。

A. 规划验收　　　B. 档案验收　　　C. 环保验收　　　D. 竣工备案

7. 工程文件是指在工程建设过程中形成的各种形式的（　　）。

A. 文字　　　　　B. 图表　　　　　C. 信息记录　　　D. 信息载体

8. 竣工图是指真实反映（　　）的图样。

A. 施工结果　　　B. 施工过程　　　C. 使用功能　　　D. 施工图

9. 具有（　　）是工程文件转为工程档案的前提条件。

A. 保存价值　　　B. 真实性　　　　C. 利用价值　　　D. 完整性

10. 案卷是指由互有联系的若干文件组成的档案（　　）。

A. 构成单位　　　B. 基本单位　　　C. 保管单位　　　D. 存放单位

11. （　　）是文件管理的最后环节，又是档案工作的起点。

A. 立卷　　　　　B. 归档　　　　　C. 分类　　　　　D. 收集

12. （　　）是工程档案系统排列、编目和统计的基本单位。

A. 文件　　　　　B. 分部工程　　　C. 案卷　　　　　D. 单位工程

13. 工程档案形成的多源性是指工程项目形成的多源性、形成专业的多源性和（　　）的多源性。

A. 形成文件部门　　　　　　　　　　B. 形成文件种类

C. 形成文件载体 D. 形成项目投资

14. 认识工程档案的（　　），可以提高档案管理人员的查档效率。

A. 成套性 B. 多源性 C. 专业性 D. 动态性

15. 公用设施类工程档案有给水、供气、供热、供电、电信、（　　）等属类。

A. 环境卫生 B. 军事工程 C. 人防工程 D. 公共交通

16. 水利防灾类工程档案有水利、防洪、防汛、防灾、（　　）等属类。

A. 环境卫生 B. 抗震 C. 人防工程 D. 排水

17. 工程档案管理法规体系是以（　　）等法律为核心。

A.《档案法》 B.《宪法》 C.《建筑法》 D.《建设工程质量管理条例》

18. 工程档案管理（　　）是国务院根据宪法和法律制定的有关工程档案管理的法规。

A. 部门规章 B. 政府规章 C. 行政法规 D. 法律

19. 有关工程档案管理的业务标准有（　　）、《建设工程监理规范》、《建筑工程施工质量验收统一标准》等。

A.《建设工程文件归档整理规范》

B.《市政基础设施工程技术文件管理规定》

C.《城市地下管线工程档案管理办法》

D.《房屋建筑工程和市政基础设施工程竣工验收暂行规定》

20. 有关工程档案工作的规章包括部门规章和（　　）。

A. 地方规章 B. 政府规章 C. 地方法规 D. 业务规章

21. 凡列入城建档案管理机构接收范围的工程档案，建设单位在开工建设前，应到当地城建档案管理机构办理（　　）手续。

A. 报建 B. 登记 C. 备案 D. 查询

22.《城市建设档案管理规定》第八条，列入城建档案馆档案接收范围的工程，建设单位在组织竣工验收前，应当提请城建档案管理机构对工程档案进行（　　）。

A. 检查 B. 登记 C. 备案 D. 预验收

23.《城市建设档案管理规定》第九条建设单位在取得工程档案（　　）后，方可组织工程竣工验收。

A. 认可文件 B. 接收证明书 C. 备案书 D. 移交清单

24.《江苏省城建档案管理办法》中规定，不办理建设工程档案登记手续的，可由建设行政主管部门对直接负责的主管人员或者其他直接责任人员依法给予（　　）；构成犯罪的，依法追究刑事责任。

A. 行政处分 B. 罚款 C. 赔偿 D. 警告

25.《江苏省工程建设管理条例》中规定，未报送工程建设档案资料的，由县级以上人民政府建设行政主管部门责令限期改正，并处以（　　）。

A. 1 千元以下的罚款 B. 5 千～1 万元的罚款

C. 1 万～10 万元的罚款 D. 警告

26.《建设工程质量管理条例》第五十九条规定：违反本条例规定，建设工程竣工验收后，建设单位未向建设行政主管部门或者其他有关部门移交建设项目档案的，责令改正，处（　　）的罚款。

    A. 1 万元以上 10 万元以下　　　　B. 1 万元以下

    C. 10 万元以上　　　　　　　　　　D. 1 万元以上 5 万元以下

27.《江苏省档案管理条例》第十四条规定，城市规划区域内工程项目的建设单位，应当向所在地城市建设档案机构登记并接受其档案检查和验收，按照有关规定及时向（　　）报送工程建设档案。

    A. 城市建设档案机构　　　　　　　B. 综合档案馆

    C. 城建档案馆　　　　　　　　　　D. 城建档案室

28.《江苏省工程建设管理条例》第三十条规定，建设单位或者个人违反本条例第九条规定，未报送工程建设档案资料的，由县级以上人民政府（　　）责令限期改正，并处以一万元以上十万元以下的罚款。

    A. 建设行政主管部门　　　　　　　B. 档案行政主管部门

    C. 城建档案管理机构　　　　　　　D. 行政主管部门

29.《江苏省工程建设管理条例》第三十条规定，建设单位或者个人违反本条例第九条规定，未报送工程建设档案资料的，由县级以上人民政府建设行政主管部门责令限期改正，并处以（　　）的罚款。

    A. 1 万元以上 10 万元以下　　　　B. 1 万元以下

    C. 10 万元以上　　　　　　　　　　D. 1 万元以上 5 万元以下

30. 建设部《城市建设档案管理规定》第六条规定：建设单位应当在工程竣工验收后（　　）个月内，向城市建设档案馆报送一套符合规定的建设工程档案。

    A. 3　　　　　　B. 5　　　　　　C. 6　　　　　　D. 12

31. 建设部《城市建设档案管理规定》第十条规定，城市地下管线普查和补测补绘形成的地下管线档案应当在普查、测绘结束后（　　）接收进馆。

    A. 立即　　　B. 三个月内　　　C. 六个月内　　　D. 一年内

32.《城市建设档案管理规定》第十四条规定：建设工程竣工验收后，建设单位未按照本规定移交建设工程档案的，依照（　　）的规定处罚。

    A.《中华人民共和国档案法》　　　　B.《建设工程质量管理条例》

    C.《科学技术档案工作条例》　　　　D.《中华人民共和国档案法实施办法》

33.《市政基础设施工程施工技术文件管理规定》第六条规定，市政基础设施工程施工技术文件由施工单位负责编制，建设单位、施工单位负责保存，其他参建单位按其在工程中的相关职责做好相应工作。建设单位应按《建设工程文件归档整理规范》（GB/T 50328—2001）的要求，于工程竣工验收后（　　）报送当地城建档案管理机构。

    A. 立即　　　B. 三个月内　　　C. 六个月内　　　D. 一年内

34.《城市地下管线工程档案管理办法》第四条规定：建设单位在申请领取建设工程规划许可证前，应当到城建档案管理机构查询施工地段的地下管线工程档案，取得该施工地段地下管线（　　）。

    A. 原始资料　　　B. 现状资料　　　C. 图纸　　　　D. 资料

35.《城市地下管线工程档案管理办法》第九条规定：地下管线工程竣工验收前，建设单位应当提请（　　）对地下管线工程档案进行专项预验收。

A. 规划管理部门          B. 档案管理部门

C. 市政工程管理机构       D. 城建档案管理机构

36.《城市地下管线工程档案管理办法》第十条规定：城市供水、排水、燃气、热力、电力、电讯等地下管线专业管理单位应当及时向（　　）移交地下管线专业图。

A. 档案行政主管部门       B. 档案馆

C. 建设行政主管部门       D. 城建档案管理机构

37.《城市地下管线工程档案管理办法》第十三条规定：工程测量单位应当及时向城建档案管理机构移交有关地下管线工程的（　　）城市地形图和控制成果。

A. 1：250     B. 1：500     C. 1：1000     D. 1：1500

38.《城市地下管线工程档案管理办法》第十七条规定，因建设单位未移交地下管线工程档案，造成施工单位在施工中损坏地下管线的，（　　）依法承担相应责任。

A. 建设单位     B. 设计单位     C. 施工单位     D. 监理单位

39.《城市地下管线工程档案管理办法》第十八条规定，地下管线专业管理单位违反本办法规定，未移交地下管线工程档案的，由建设主管部门责令改正，处（　　）的罚款。

A. 1万元以下     B. 1万元以上     C. 2万元以上     D. 2万元以下

40.《城市地下管线工程档案管理办法》第十九条规定，建设单位和施工单位未按规定（　　）和取得施工地段的地下管线资料而擅自组织施工，损坏地下管线给他人造成损失的，依法承担赔偿责任。

A. 查询          B. 报送          C. 了解          D. 掌握

41.《城市地下管线工程档案管理办法》第二十条规定，工程测量单位未按照规定提供准确的地下管线测量成果，致使施工时损坏地下管线给他人造成损失的，依法承担（　　）责任。

A. 法律          B. 赔偿          C. 刑事          D. 行政处罚

42.《城市地下管线工程档案管理办法》第二十一条规定，城建档案管理机构因保管不善，致使档案丢失，或者因汇总管线信息资料，致使在施工中造成损失的，依法承担赔偿责任；对有关责任人员，依法给予（　　）处分。

A. 刑事          B. 行政          C. 撤职          D. 开除

43.《江苏省城建档案管理办法》第九条规定：应当由城建档案馆（室）接收的城建档案，建设工程档案在工程项目（　　）移交。

A. 竣工验收后立即       B. 竣工验收后三个月内

C. 竣工验收后六个月内     D. 竣工验收后一年内

44.《江苏省城建档案管理办法》第十三条规定，工程项目发包、承包和监理等单位在（　　）时，应当明确收集、编制、移交建设工程档案的责任、要求等内容。

A. 签订建设工程合同       B. 领取施工许可证

C. 工程招投标            D. 领取规划许可证

45.《江苏省城建档案管理办法》第十三条第三款规定，（　　）应当按照国家和省有关规定以及合同的约定，编制、移交建设工程竣工图及其他建设工程档案。

A. 建设单位     B. 施工单位     C. 监理单位     D. 承包单位

46.《江苏省城建档案管理办法》第十三条第三款规定，（　　）向建设单位提交竣工验收报告时，应当附有建设工程竣工图及其他建设工程档案。

A. 建设单位　　B. 施工单位　　C. 监理单位　　D. 承包单位

47.《江苏省城建档案管理办法》第十五条规定，已建成的工程项目，其建设工程档案不完整、不准确的，（　　）应当做好补测、补绘工作。

A. 施工单位　　B. 建设单位　　C. 产权单位　　D. 监理单位

48.《江苏省城建档案管理办法》第十六条规定：新建、改建、扩建、迁建和恢复建设的房屋建筑，房产管理部门在审核颁发房屋权属证书时，应当核验（　　），并列入房产产权产籍档案。

A. 建设工程档案接收证明　　　　B. 建设工程档案报送责任书
C. 建设工程档案专项验收证明　　D. 建设工程档案验收证明

49.《江苏省城建档案管理办法》第十七条规定，县级以上人民政府应当加强城市管线档案的管理。城市管线档案不完整、不准确的，应当组织有关部门进行城市管线普查和测绘。普查和测绘所形成的档案应当在普查和测绘工作结束后（　　）移交城建档案馆（室）。

A. 立即　　　B. 三个月内　　C. 六个月内　　　D. 一年内

50.《江苏省城建档案管理办法》第十七条规定，对城市管线进行局部变更、改造的，建设单位应当据实修改、补充和完善原工程档案，绘制现状图，并在变更或者改造结束后（　　）及时向城建档案馆（室）移交。

A. 立即　　　B. 三个月内　　C. 六个月内　　　D. 一年内

51. 根据《江苏省城建档案管理办法》第十八条的规定，建设工程停建、缓建的，其建设工程档案由（　　）负责保管。

A. 建设单位　　B. 施工单位　　C. 监理单位　　D. 城建档案机构

52.《建设工程文件归档整理规范》规定，列入城建档案馆（室）档案接收范围的工程，建设单位在组织工程竣工验收前，应提请（　　）对工程档案进行预验收。

A. 档案行政主管部门　　　　B. 建设行政主管部门
C. 综合档案馆　　　　　　　D. 城建档案管理机构

53.《建设工程文件归档整理规范》规定，列入城建档案馆（室）档案接收范围的工程，建设单位在组织工程竣工验收前，应提请城建档案管理机构对工程档案进行（　　）。

A. 检查　　　B. 整理　　　C. 验收　　　D. 预验收

54.《建设工程文件归档整理规范》规定，建设单位对列入城建档案馆（室）接收范围的工程，工程竣工验收后（　　），向当地城建档案馆（室）移交一套符合规定的工程档案。

A. 立即　　　B. 3个月内　　C. 6个月内　　　D. 1年内

55.《建设工程文件归档整理规范》规定，利用施工图改绘竣工图，必须标明变更修改依据；凡施工图结构、工艺、平面布置等有重大改变，或变更部分超过图面（　　）的，应当重新绘制竣工图。

A. 1/4　　　B. 1/2　　　C. 1/3　　　　　D. 2/3

56.《建设工程文件归档整理规范》规定，工程档案一般不少于两套，一套由建设单位保管，一套（原件）移交（　　）。

    A. 建设单位　　　　　　　　　　　B. 当地城建档案馆（室）

    C. 施工单位　　　　　　　　　　　D. 监理单位

## 二、多项选择题

1. 建设工程项目具有（　　）的特点。

    A. 统一设计　　　B. 统一核算　　　C. 统一管理　　　　D. 统一整体　　　E. 统一验收

2. 建设工程项目按建设性质可分为（　　）等工程项目。

    A. 未建　　　　　B. 扩建　　　　　C. 迁建　　　　　D. 在建　　　　　E. 新建

3. 建设工程项目按建设规模可分为（　　）工程项目。

    A. 中型　　　　　B. 简单　　　　　C. 大型　　　　　D. 复杂　　　　　E. 小型

4. 一个建设工程项目可分为若干个（　　）。

    A. 分项工程　　　　　　　　　　　B. 检验批

    C. 工序　　　　　　　　　　　　　D. 分部（子分部）工程

    E. 单位（子单位）工程

5. 模板分项工程可以按（　　）等划分成若干个检验批。

    A. 工种　　　　　B. 楼层　　　　　C. 施工段　　　　D. 形式　　　　　E. 时间

6. 基本建设程序可划分为（　　）。

    A. 工程准备阶段　　　　　　　　　B. 工程实施阶段

    C. 工程竣工验收阶段　　　　　　　D. 工程施工准备阶段

    E. 工程立项阶段

7. 工程文件的产生有着很强的（　　）的特点。

    A. 主观性　　　　B. 阶段性　　　　C. 强制性　　　　D. 过程性　　　　E. 程序性

8. 工程实施阶段产生（　　）。

    A. 监理文件　　　B. 工程预算　　　C. 备案文件　　　D. 设计文件　　　E. 施工文件

9. 工程竣工验收阶段产生（　　）。

    A. 工程准备文件　B. 竣工图　　　　C. 竣工验收文件　D. 施工文件　　　E. 施工图

10. 工程档案记录形式是多样的，包括（　　）等。

    A. 文字　　　　　B. 图表　　　　　C. 声像　　　　　D. 电子　　　　　E. 光盘

11. 工程档案是经过（　　）的工程文件。

    A. 加工　　　　　B. 归档　　　　　C. 移交　　　　　D. 立卷　　　　　E. 整理

12. 工程项目所形成的一整套工程档案是不可分割的有机（　　），必须（　　）归档。

    A. 整体　　　　　B. 一体　　　　　C. 全套　　　　　D. 一套　　　　　E. 全部

13. 工程档案具有形成的多源性、内容的专业性、种类的多样性、（　　）管理的动态性。

    A. 载体的多样性　　　　　　　　　B. 积累的周期性

    C. 项目的成套性　　　　　　　　　D. 产生的程序性

    E. 来源的多元性

14. 市政工程类工程档案有（　　）等属类。

A. 给水　　　　B. 道路　　　　C. 广场　　　　D. 桥梁　　　　E. 排水

15. 交通运输类工程档案有（　　）等属类。

A. 铁路　　　　B. 公路　　　　C. 桥梁　　　　D. 水运　　　　E. 航运

16. 工程档案管理法规体系分为法律、（　　）以及业务标准等层次。

A. 部门规章　　B. 行政法规　　C. 地方法规　　D. 地方规范　　E. 规章

17. 有关工程档案工作的法律有（　　）等。

A.《档案法》　　　　　　　　　　B.《建筑法》

C.《城乡规划法》　　　　　　　　D.《建设工程质量管理条例》

E.《城市建设档案管理规定》

18. 有关工程档案工作的行政法规有（　　）等。

A.《城市建设档案管理规定》　　　B.《建筑法》　　C.《科学技术档案工作条例》

D.《建设工程质量管理条例》　　　E.《江苏省工程建设管理条例》

19. 城建档案管理机构应对工程文件的形成、积累、收集、立卷、归档等工作进行（　　）。

A. 检查　　　　B. 监督　　　　C. 服务　　　　D. 指导　　　　E. 告知

20. 下列属于工程档案法规制度的有（　　）等。

A. 告知制度　　　　　　　　　　B. 编制制度

C. 纳入工程管理制度　　　　　　D. 档案报送制度

E. 动态管理制度

21. 依据（　　）等法律法规规定，建设单位或者个人应当在工程项目竣工验收后，应及时向工程项目所在地的城建档案管理机构报送工程档案。

A.《建设工程质量管理条例》　　　B.《江苏省工程建设管理条例》

C.《科学技术档案工作条例》　　　D.《城乡规划法》

E.《江苏省档案管理条例》

22. 不按规定归档或不按期移交档案，对其相关责任单位或者个人进行处罚，处罚形式可以有（　　）等。

A. 行政处分　　　　　　　　B. 罚款　　　　　　　　C. 赔偿

D. 警告　　　　　　　　　　E. 依法追究刑事责任

23.《建设工程质量管理条例》第十七条规定，（　　）应当严格按照国家有关档案管理的规定，及时收集、整理建设项目各环节的文件资料，建立、健全建设项目档案，并在建设工程竣工验收后，及时向（　　）或者其他有关部门移交建设项目档案。

A. 建设单位　　　　　　　　B. 施工单位

C. 建设行政主管部门　　　　D. 档案行政主管部门

E. 监理单位

24.《江苏省工程建设管理条例》第九条规定，建设单位或者个人应当在工程项目竣工验收后（　　），向工程项目所在地的设区的市、县（市）（　　），报送竣工图及其他工程建设档案资料。

A. 六个月内　　　　　　　　B. 一年内

C. 城市建设档案馆（室）　　　　　D. 综合档案馆

25. 《江苏省工程建设管理条例》第三十条规定，违反规定未报送工程建设档案资料的，由县级以上人民政府（　　）责令限期改正，并处以（　　）的罚款。

A. 档案行政主管部门　　　　　　B. 建设行政主管部门

C. 城建档案部门　　　　　　　　D. 5千元以上5万元以下

E. 1万元以上10万元以下

26. 根据《城市建设档案管理规定》第五条的规定，以下哪些工程档案属于城建档案馆重点管理的各类城市建设工程档案：（　　）。

A. 工业、民用建筑工程　　　　　B. 市政基础设施工程

C. 公用基础设施工程　　　　　　D. 水利设施工程

E. 园林建设、风景名胜建设工程

27. 《城市建设档案管理规定》第八条规定，列入城建档案馆档案接收范围的工程，建设单位在组织竣工验收前，应当提请城建档案管理机构对工程档案进行（　　），合格后由城建档案管理机构出具（　　）。

A. 验收　　　　　　　　　　　　B. 预验收

C. 工程档案认可文件　　　　　　D. 验收证明　　　　　E. 综合验收

28. 《城市地下管线工程档案管理办法》第七条规定，施工单位在地下管线工程施工前应当取得施工地段地下管线现状资料；施工中发现（　　）管线，应当及时通过（　　）向当地县级以上人民政府建设主管部门或者规划主管部门报告。

A. 损坏的　　　　　　　　B. 新建的　　　　　　　　C. 未建档的

D. 城建档案管理机构　　　E. 建设单位

29. 《城市地下管线工程档案管理办法》第八条规定，地下管线工程覆土前，建设单位应当委托具有相应资质的工程测量单位，按照《城市地下管线探测技术规程》（CJJ 61）进行竣工测量，形成准确的（　　）。

A. 竣工测量报告书　　　　　　　B. 竣工测量数据文件

C. 管线工程测绘图　　　　　　　D. 管线工程测量图

E. 管线竣工图

30. 《城市地下管线工程档案管理办法》第八条规定，地下管线工程覆土前，建设单位应当委托具有相应资质的工程测量单位，按照《城市地下管线探测技术规程》（CJJ 61）进行竣工测量，形成准确的竣工测量（　　）和管线工程（　　）。

A. 报告书　　　B. 数据文件　　　C. 测绘图　　　D. 测量图　　　E. 竣工

31. 《城市地下管线工程档案管理办法》第十条规定：建设单位在地下管线工程竣工验收备案前，应当向城建档案管理机构移交下列档案资料（　　）。

A. 地下管线工程项目准备阶段文件

B. 监理文件、施工文件、竣工文件和竣工图

C. 地下管线竣工测量成果

D. 其他应当归档的文件资料（电子文件、工程照片、录像等）

E. 地下管线工程设计文件

32. 《城市地下管线工程档案管理办法》第十二条规定，地下管线专业管理单位应当

将更改、（  ）、漏测部分的地下管线工程档案，及时修改补充到本单位的地下管线专业图上，并将修改补充的地下管线专业图及有关资料向（  ）移交。

A. 报废  B. 损坏

C. 档案管理机构  D. 规划管理部门

E. 城建档案管理机构

33.《城市地下管线工程档案管理办法》第十三条规定：工程测量单位应当及时向城建档案管理机构移交有关地下管线工程的（  ）。

A. 1∶500 城市地形图  B. 1∶1000 城市地形图

C. 测量成果  D. 控制成果  E. 测量记录

34.《城市地下管线工程档案管理办法》第十七条规定，建设单位违反本办法规定，未移交地下管线工程档案的，由建设主管部门责令改正，处（  ）的罚款；对单位直接负责的主管人员和其他直接负责人员，处（  ）的罚款。

A. 3 千元以上 1 万元以下  B. 1 万元以上 5 万元以下

C. 1 万元以上 10 万元以下  D. 单位罚款数额 5% 以下

E. 单位罚款数额 5% 以上 10% 以下

35.《城市地下管线工程档案管理办法》第十八条规定，地下管线专业管理单位违反本办法规定，未移交地下管线工程档案的，由（  ）责令改正，处 1 万元以下的罚款；因地下管线专业管理单位未移交地下管线工程档案，造成施工单位在施工中损坏地下管线的，（  ）依法承担相应的责任。

A. 建设主管部门  B. 城建档案管理机构

C. 地下管线专业管理单位  D. 施工单位

E. 地下管线主管部门

36.《江苏省城建档案管理办法》第十二条规定，各类建设工程均应当编制建设工程档案并进行（  ），实行建设工程档案（  ）制。

A. 报建  B. 登记  C. 责任  D. 审核  E. 核验

37.《江苏省城建档案管理办法》第十四条规定，（  ）应当在建设工程竣工验收后，按规定要求及时向（  ）移交建设工程档案。

A. 建设单位  B. 施工单位

C. 综合档案馆（室）  D. 城建档案馆（室）

E. 监理单位

38.《江苏省城建档案管理办法》第十四条规定，建设单位移交的建设工程档案符合要求的，由城建档案馆（室）出具建设工程档案接收证明。建设工程档案接收证明应当加盖城建档案接收专用章，并载明建设工程项目名称、（  ）、案卷总数、接收验讫等内容。

A. 施工单位  B. 建设单位  C. 移交单位

D. 档案存管机构  E. 档案接收机构

39.《江苏省城建档案管理办法》第十八条规定，建设工程停建、缓建的，其建设工程档案由（  ）负责保管。单位撤销的，其建设工程档案按有关规定办理移交，并向（  ）备案。

A. 建设单位               B. 施工单位

C. 监理单位               D. 建设行政主管部门

E. 城建档案馆（室）

## 三、判断题

1. 检验批是分项工程乃至整个建设工程质量验收的基础。    （    ）

2. 某市建造一个住宅小区共 12 幢住宅，则该项目共可划分为 12 个单位工程。

（    ）

3. 《基本建设工作程序暂行办法》是我国第一个全国性的基本建设工作管理办法。

（    ）

4. 基本建设程序的三个阶段又可分为若干个程序，它们之间存在着严格的先后次序，不能进行合理的交叉，不能任意颠倒次序。    （    ）

5. 计划任务书是确定建设工程项目，编制设计文件的主要依据。    （    ）

6. 工程准备阶段的第一个程序是进行开工审批。    （    ）

7. 工程文件的产生只是工程建设者、管理者的主观需求。    （    ）

8. 竣工图和施工图的本质区别就在于竣工图加盖了竣工章。    （    ）

9. 案卷的形式有卷、册、袋、盒等。    （    ）

10. 立卷是指将文件分门别类整理成案卷。    （    ）

11. 所有工程文件最终都将成为工程档案。    （    ）

12. 工程文件和工程档案的形成都应与工程建设基本同步。    （    ）

13. 若在工程文件归档后，工程项目有改建、扩建，工程档案则不需改动。    （    ）

14. 根据《城市建设档案分类大纲》，建设工程档案可划分为 10 个大类。    （    ）

15. 环境卫生是环境保护类的属类。    （    ）

16. 办公用房是民用建筑类的属类。    （    ）

17. 公路是市政工程类的属类。    （    ）

18. 国务院通过的城乡规划、档案等法律，工程档案管理必须遵守。    （    ）

19. 《江苏省城建档案管理办法》是工程档案地方性法规。    （    ）

20. 《江苏省档案管理条例》是工程档案地方性法规。    （    ）

21. 《苏州市档案条例》是工程档案政府规章。    （    ）

22. 工程档案管理的业务标准，从全国层面分为国家标准和行业标准。    （    ）

23. 国家标准分为强制性国标和非强制性国标。    （    ）

24. "明知所保存的档案面临危险而不采取措施造成档案损失"，可以罚款处罚。

（    ）

25. 对"档案工作没有实行集中统一管理"的行为，处罚是责令改正、依法追究刑事责任。    （    ）

26. 根据《建设工程质量管理条例》第十六条的规定，有完整的技术档案和施工管理资料是建设工程竣工验收应具备的条件之一。    （    ）

27. 《江苏省工程建设管理条例》第九条规定，建设单位或者个人应当在工程项目竣工验收后六个月内，向工程项目所在地的设区的市、县（市）城市建设档案馆（室），报

送竣工图及其他工程建设档案资料。（　　）

28.《城市建设档案管理规定》第六条规定，施工单位应当在工程竣工验收后三个月内，向城建档案馆报送一套符合规定的建设工程档案。凡建设工程档案不齐全的，应当限期补充。（　　）

29.《城市建设档案管理规定》第六条规定，撤销单位的建设工程档案，应当向上级主管机关或者城建档案馆移交。（　　）

30.《城市建设档案管理规定》第九条规定，建设单位在取得建设工程档案认可文件后，方可组织工程竣工验收。（　　）

31.《城市建设档案管理规定》第九条规定，建设行政主管部门在办理竣工验收备案时，应当查验建设工程档案认可文件。（　　）

32.《城市建设档案管理规定》第十条规定，城市地下管线普查和补测补绘形成的地下管线档案应当在普查、测绘结束后一年内接收进馆。（　　）

33.《城市建设档案管理规定》第十条规定，地下管线专业管理单位每年应当向城建档案馆报送更改、报废、漏测部分的管线现状图和资料。（　　）

34.《城市建设档案管理规定》第十四条规定：建设工程竣工验收后，建设单位未按照本规定移交建设工程档案的，依照《建设工程质量管理条例》的规定处罚。（　　）

35.《城市房地产权属档案管理办法》第二十三条规定，房屋自然灭失或者依法被拆除后，房地产权属档案管理机构应当自档案整理归档完毕之日起15日内书面通知城市建设档案馆。（　　）

36.《市政基础设施工程施工技术文件管理规定》第六条规定，市政基础设施工程施工技术文件由施工单位负责编制，建设单位、施工单位负责保存，其他参建单位按其在工程中的相关职责做好相应工作。建设单位应按《建设工程文件归档整理规范》（GB/T 50328—2001）的要求，于工程竣工验收后三个月内报送当地城建档案管理机构。（　　）

37.《市政基础设施工程施工技术文件管理规定》第十一条规定：建设单位在组织工程竣工验收前，应提请当地的城建档案管理机构对施工技术文件进行预验收，验收不合格不得组织工程竣工验收。城建档案管理机构在收到施工技术文件七个工作日内提出验收意见，七个工作日内不得出验收意见，视为同意。（　　）

38.《城市地下管线工程档案管理办法》第三条规定，城市地下管线工程档案的收集、保管、利用等具体工作，由城建档案馆或者城建档案室负责。（　　）

39.《城市地下管线工程档案管理办法》第十条规定，城市供水、排水、燃气、热力、电力、电讯等地下管线专业管理单位应当及时向城建档案管理机构移交地下专业管线图。
（　　）

40.《城市地下管线工程档案管理办法》第十一条规定：建设单位向城建档案管理机构移交的档案资料应当符合《建设工程文件归档整理规范》（GB/T 50238）的要求。
（　　）

41.《城市地下管线工程档案管理办法》第十二条规定：地下管线专业管理单位应当将更改、报废、漏测部分的地下管线工程档案，及时修改补充到本单位的地下管线专业图上，并将修改补充的地下管线专业图及有关资料向综合档案馆移交。（　　）

42.《城市地下管线工程档案管理办法》第十三条规定，对于工程测量单位移交的城

市地形图和控制成果，城建档案管理机构可以出售、转让。　　　　　（　　）

43.《城市地下管线工程档案管理办法》第十四条规定，城建档案管理机构应当绘制城市地下管线综合图，建立城市地下管线信息系统，并及时接收普查和补测、补绘所形成的地下管线成果。　　　　　　　　　　　　　　　　　　　　　　　　（　　）

44.《城市地下管线工程档案管理办法》第十七条规定，建设单位违反本办法规定，未移交地下管线工程档案的，由档案主管部门责令改正，并处以罚款。　　　（　　）

45.《城市地下管线工程档案管理办法》第十九条规定：建设单位和施工单位未按照规定查询和取得施工地段的地下管线资料而擅自组织施工，损坏地下管线给他人造成损失的，依法承担赔偿责任。　　　　　　　　　　　　　　　　　　　　　　　（　　）

46.《城市地下管线工程档案管理办法》第二十条规定：工程测量单位未按照规定提供准确的地下管线测量成果，致使施工时损坏地下管线给他人造成损失的，依法承担赔偿责任。　　　　　　　　　　　　　　　　　　　　　　　　　　　　　（　　）

47.《江苏省城建档案管理办法》第十五条规定：已建成的工程项目，其建设工程档案不完整、不准确的，产权单位应当做好补测、补绘工作，并在补测、补绘工作结束后一年内将测绘结果移交城建档案馆（室）。　　　　　　　　　　　　　　　　（　　）

48.《江苏省城建档案管理办法》第十六条规定：新建、改建、扩建、迁建和恢复建设的房屋建筑，房产管理部门在审核颁发房屋权属证书时，应当核验建设工程档案接收证明，并列入房产产权产籍档案。　　　　　　　　　　　　　　　　　　　　　（　　）

49.《江苏省城建档案管理办法》第十七条规定，对废弃、停用的管线，建设单位应当及时报城建档案馆（室）备案，城建档案馆（室）应当及时做好相应的档案信息管理工作。　　　　　　　　　　　　　　　　　　　　　　　　　　　　　　　　　（　　）

50.《江苏省城建档案管理办法》第二十一条规定，在城市的道路、管线及其附近地段进行开挖、爆破、钻探等施工活动前，建设单位和施工单位应当到城建档案馆（室）和有关部门查清该地段的地下管线分布情况。　　　　　　　　　　　　　　　　（　　）

51.《建设工程文件归档整理规范》规定：城建档案管理机构应对工程文件的立卷归档工作进行监督、检查、指导。　　　　　　　　　　　　　　　　　　　　　（　　）

52.《建设工程文件归档整理规范》规定，列入城建档案馆（室）档案接收范围的工程，建设单位在组织工程竣工验收前，应提请城建档案管理机构对工程档案进行预验收。建设单位未取得城建档案管理机构出具的认可文件，不得组织工程竣工验收。　（　　）

# 第2章　工程准备阶段文件

## 一、单项选择题

1. 工程准备阶段文件形成的主体是（　　）和审批部门，一部分是建设单位和委托的有关单位形成的；另一部分是审批部门形成的。

A. 建设单位　　　B. 设计单位　　　C. 施工单位　　　D. 监理单位

2. 工程准备阶段文件一般分为：立项文件；（　　）；勘察、测绘、设计文件；招标投标文件；开工审批文件；财务文件和建设、施工、监理机构及负责人名单等七类文件。

A. 建设用地、征地、拆迁文件　　　B. 施工技术文件

C. 工程决算表　　　　　　　　　　D. 竣工验收文件

3. 建设用地规划许可证是建设单位在向土地管理部门申请划拨、出让土地前，经
（　　）确认建设项目位置、面积和允许建设的范围符合城市规划的法定凭证，是建设单
位用地的法律凭证。

A. 消防部门　　　　　　　　　　　B. 城市建设主管部门

C. 人防部门　　　　　　　　　　　D. 城市规划行政主管部门

4. 申请建设工程规划许可证需提供的文件包括：（　　）；建设项目选址意见书；建
设项目可行性研究报告（设计任务书）批准文件或其他计划批准文件；表示建设用地位置
与环境关系的地形图或航测图，比例为 1∶500 或 1∶2000；规划设计总图或建筑设计方
案；相关行业管理部门对设计方案的意见。

A. 建设工程规划用地许可证申请　　B. 开工报告

C. 建设工程施工许可证　　　　　　D. 消防审核意见书

5. 拨地测量是（　　）部门对划拨或征用的建设用地，进行位置测量、形状测量和
确定四至。拨地测量的依据性文件主要是出具的建设用地钉桩通知书和钉桩放线通知书。

A. 市建设主管部门　　B. 市发改委　　C. 土地管理部门　　D. 设计单位

6. 施工图设计文件审查合格后，审查人员要在审查同意的文件、图纸上签字，
（　　）要在施工图上加盖审查章，并出具审查意见。

A. 审查机构　　　B. 设计机构　　C. 勘察单位　　D. 施工单位

7. 由（　　）组织评标、决标形成的文件，以及确定中标单位，编制并签发施工
（或勘察、设计、监理）中标通知书。

A. 建设单位　　　B. 施工单位　　C. 设计单位　　　D. 监理单位

8. 按照申请办理程序，符合规划依据文件和审批条件的建设工程项目，由（　　）
管理部门核发建设工程规划许可证。

A. 人防　　　B. 建设行政　　C. 城市规划　　D. 消防

9. 满足存档要求的建设工程立项文件一般包括（　　）个方面：

A. 6　　　　　B. 7　　　　　C. 10　　　　　D. 11

10. 项目建议书主要内容包括（　　）个方面。

A. 8　　　　　B. 7　　　　　C. 10　　　　　D. 12

11. 建设用地规划许可证主要内容包括（　　）、建设项目名称、工程地点、建设规
模和附图、附件及遵守事项。

A. 建设单位名称　　B. 施工单位名称　　C. 工程预算　　D. 工程决算

12. 一个建设项目勘察阶段主要形成（　　）。

A. 工程测量成果报告　　　　　　　B. 岩土工程勘察报告

C. 拨地测量　　　　　　　　　　　D. 控制测量

13. 对于工程体量大的公用事业项目，根据《工程建设项目招标范围和规模标准规
定》：项目的勘察、设计、监理等服务的单项合同估算价在（　　）万元以上的必须进行
招标。

A. 80　　　　　　B. 90　　　　　　C. 50　　　　　　D. 30

14. 对于工程体量大的公用事业项目，建设工程施工合同协议条款的主要内容应包括（　　）个方面。

　　A. 15　　　　　　B. 16　　　　　　C. 12　　　　　　D. 8

15. 城市规划行政主管部门核发"一书两证"是指"建设项目选址意见书"、（　　）和"建设工程规划许可证"。

　　A. 建设用地许可证　　　　　　　　B. 建设用地规划许可证

　　C. 建设工程施工许可证　　　　　　D. 建设工程开工许可证

16. 符合规定要求的施工图，应达到四个方面要求，第一，要有正式的施工图蓝图及其说明，要有相应的设计计算书；第二，要经原建筑设计单位认可；第三，（　　）；第四要有图纸会审记录和设计交底记录。

　　A. 要有监理单位审核意见

　　B. 要有建设单位审核意见并加盖公章

　　C. 要经审图机构审核加盖审图章，并出具审核意见

　　D. 要经施工单位审核出具审核意见，并加盖公章

17. 建设工程项目施工单项合同估算价在（　　）万元以上必须进行招标。

　　A. 100　　　　　　B. 200　　　　　　C. 300　　　　　　D. 400

## 二、多项选择题

1. 立项文件主要包含的文件有（　　）。

　　A. 征地拆迁文件　　　　　　　　　B. 可行性研究报告

　　C. 项目建议书及批复　　　　　　　D. 岩土工程勘察报告

　　E. 规划许可证

2. 拆迁安置费包括（　　）。

　　A. 支付土地补偿费

　　B. 青苗和地上附属物补偿费

　　C. 支付安置补助费以及多余劳动力安置

　　D. 工程地质勘查费

　　E. 拆迁人力费

3. 规划设计条件通知书是城市规划主管部门对工程项目规定了用地性质、（　　）、交通出口方位、停车泊位及其他要配套的公共设施等应遵守的条件。

　　A. 建筑密度　　　B. 建筑控制高度　　　C. 招标申请　　　D. 容积率　　　E. 绿地率

4. 工程准备阶段的财务活动所产生的文件主要有（　　）和施工预算等。

　　A. 工程设计概算　　　　　　　　　B. 施工图预算

　　C. 工程决算　　　　　　　　　　　D. 工程估算

　　E. 工程投资估算

5. 施工现场管理机构包括（　　）。

　　A. 工程项目管理机构　　　　　　　B. 工程项目监理管理机构

　　C. 工程项目施工管理机构　　　　　D. 桩基施工单位

　　E. 检测单位

6. 建设工程立项文件一般包括项目建设书、（　　　）和调查资料及项目评估研究材料。

A. 关于立项有关的会议纪要、领导讲话　　　B. 可行性分析意见书

C. 可行性研究报告及附件　　　　　　　　D. 可行性研究报告审批意见

E. 项目建设书审批意见

7. 工程招投标文件中包括（　　　）。

A. 施工招投标文件　　　　　　　B. 工程监理招投标文件

C. 施工承包合同　　　　　　　　D. 造价咨询委托合同

E. 监理合同

8. 开工审批文件中包括（　　　）。

A. 建设工程开工意见书　　　　　B. 建设工程施工许可证

C. 建设工程开工审批表　　　　　D. 工程质量监督手续

E. 施工图审查意见

9. 工程准备阶段文件是指工程开工以前，在（　　　）和设计、招投标和开工审批等工程准备形成的文件。

A. 征地　　　　B. 审批　　　　C. 计划　　　　D. 立项　　　　E. 勘察

## 三、判断题

1. 根据现行规定，凡在一个总体设计或初步设计范围内经济统一核算的主体工程配套工程及附属设施，应编制统一的项目建议书。　　　　　　　　　　　　　（　　　）

2. 建设工程项目可行性研究报告的批复文件是国家或地方建设行政主管部门批准的建设工程项目立项文件或计划任务文件，具有法律效力。　　　　　　　　（　　　）

3. 建设工程项目立项文件除项目建议书和建设工程项目可行性研究报告外，还有会议文件（纪要），上级领导的批示、讲话，专家对重大工程项目的建议文件，阶段调研报告，专项研究成果等文件。　　　　　　　　　　　　　　　　　　　　　　（　　　）

4. 选址意见书申请一般是由设计单位提出申请，报送建设项目选址申请书及城市规划行政主管部门要求的其他材料。　　　　　　　　　　　　　　　　　（　　　）

5. 一套完整的施工图包括建筑施工图、结构施工图、给排水、采暖通风施工图、电子施工图，设计计算书。　　　　　　　　　　　　　　　　　　　　　（　　　）

6. 工程招标方式分为公开招标和邀请招标。　　　　　　　　　　　　（　　　）

7. 公开招标，也称无限竞争招标，是指招标人以招标公告的方式邀请不特定的法人或者其他组织招标。　　　　　　　　　　　　　　　　　　　　　　（　　　）

8. 邀请招标，也称有限竞争，是指招标人以投标邀请书的方式邀请特定的法人或者其他组织投标。　　　　　　　　　　　　　　　　　　　　　　　　（　　　）

9. 建设工程项目施工承包合同签订后，建设单位应将施工合同报建设工程施工合同管理部门备案，填报施工合同备案表并附施工合同副本一份。建设工程施工合同管理部门审查备案表并签署同意备案的意见后，施工合同生效。　　　　　　　　　（　　　）

10. 建设项目在签订承发包合同时，不需要应明确规定竣工图的编制、检验和交接等问题。　　　　　　　　　　　　　　　　　　　　　　　　　　　　（　　　）

11. 没有建设工程施工许可证的建设工程项目均属违章建筑，不受法律保护。（　　）

12. 所有工程项目立项文件中都应有项目建议书。（　　）

13. 工程项目设计阶段形成的文件中应有施工图及其说明。（　　）

14. 划拨建设用地文件产生于开工审批过程中。（　　）

15. 勘察、设计、监理等服务的单项合同估算价在 30 万元以上的必须招标。（　　）

16. 建设单位提供的项目建设各方机构及负责人名单不包括项目管理机构及负责人名单。（　　）

17. 在一个总体设计范围内，经济上独立核算的各工程项目应分别编制项目建议书。（　　）

# 第3章　工程实施阶段文件

## 一、单项选择题

1. 施工监理工作记录包括施工准备审批文件、工程进度审批文件、（　　）和工程造价审批文件。

A. 监理月报　　　　　　　　B. 工程质量审批文件

C. 监理会议纪要　　　　　　D. 监理通知

2. 江苏省住建厅规定，监理月报每月月底提出，报告期为上月（　　）日至本月 25 日。

A. 26　　　　B. 15　　　　C. 5　　　　D. 1

3. 工程开工报审表分为两部分，第一部分是（　　）的申请，内容为已具备的开工条件、计划开工日期等。第二部分是监理单位的审批意见，主要内容为总监理工程师的审批结论和监理工程师的审查意见。

A. 建设单位　　B. 设计单位　　C. 监理单位　　D. 施工单位

4. 工程开工应具备一定条件，工程项目监理部接到施工单位报送的工程开工报审表后，应逐项检查，如认定已具备开工条件时，由（　　）在工程开工报审表上签署意见，并报建设单位。

A. 监理工程师　　B. 总监理工程师　　C. 技术员　　D. 档案员

5. 工程进度计划报审表由施工单位填写。施工单位根据建设工程施工合同的约定，编制施工总进度计划、年进度计划、季度进度计划和月进度计划，并及时填写工程进度计划报审表，报（　　）审批。

A. 工程项目监理部　　　　　B. 建设单位

C. 设计单位　　　　　　　　D. 质检单位

6. 月度进度计划报审表施工单位应提前（　　）日提出，一般为每月 25 日申报。

A. 15　　　　B. 10　　　　C. 5　　　　D. 20

7. 工程质量评估报告编写要求较高，要求全面、客观、公正地对工程质量做出综合评估，报告包的主要内容有（　　）个方面，重点是质量控制及目标的实现。

A. 15　　　　B. 18　　　　C. 10　　　　D. 5

8. 监理工作总结的内容一般应包括（　　）方面内容。

 A. 12    B. 10    C. 6    D. 3

9. 竣工移交证书是证明工程竣工并向（　　）移交的证明文件，其内容为工程项目已按施工合同要求完成，并验收合格，移交建设单位管理。可附有关单位工程竣工验收记录。

 A. 建设单位  B. 施工单位  C. 监理单位  D. 测绘单位

10. 施工组织设计编制的依据是（　　）、施工图纸、施工现场条件、资源供应情况等，用以指导其施工全过程各项施工活动的技术、经济、组织、协调和控制的综合性文件。

 A. 设计文件  B. 桩基检测文件 C. 竣工验收  D. 工程决算文件

11. 工程开工应具备一定条件，（　　）接到施工单位报送的工程开工报审表后，应逐项检查，如认定已具备开工条件时，由总监理工程师在工程开工报审表上签署意见，并报建设单位。

 A. 建设单位      B. 工程项目监理部

 C. 工程质量监督站    D. 工程项目经理部

12. 参加设计交底会人员对施工图提出问题，通过讨论，由（　　）整理汇总形成设计交底记录，经与会各单位相关人员签认后实施。

 A. 施工单位  B. 建设单位  C. 监理单位  D. 设计单位

13. 地下管线工程竣工测量是测绘单位在地下管线工程管线沟槽覆土（　　）对铺设的管线进行实际测量，地下管线工程竣工后应全部进行平面位置和高程测量，测量形成的成果记录经整理后编写测量报告。

 A. 后     B. 中     C. 前     D. 5日内

14. 建设工程质量检查验收过程中形成的主要文件有：检验批质量验收记录、分项工程质量验收记录、（　　）。

 A. 分部（子分部）工程质量验收记录  B. 地基处理记录

 C. 地基钎探记录       D. 隐蔽工程检查记录文件

15. 检验批质量验收过程中形成的记录由施工单位专业质量检查员填写，施工单位对检查结果进行评定，（　　）应做出验收是否符合要求的结论，并对此承担责任。

 A. 监理工程师 B. 设计人员  C. 档案员   D. 材料员

16. 分部（子分部）工程质量验收应按专业性质、建筑部位确定，建筑与结构工程划分为地基与基础、（　　）、建筑装饰装修、建筑节能和建筑屋面等5个分部。

 A. 主体结构  B. 建筑设计  C. 工程勘察  D. 水文勘察

17. 施工单位向项目监理部审报施工组织设计有如下规定：一是要有施工企业技术负责人签字、企业技术部门盖章；二是要在开工前（　　）天报审。

 A. 15    B. 18    C. 10    D. 7

18. 设计单位下达的设计变更通知，应内容翔实，必要时应附图，并逐条注明应修改图纸的图号。设计变更通知单应由（　　）负责人以及建设（监理）和施工单位的相关负责人签认。

 A. 设计专业  B. 规划部门  C. 建设主管部门 D. 住房管理部门

19. 施工项目经理部组成人员主要有项目部经理、项目工程师（技术负责人）、施工员、质检员、安全员、预算员、材料员、资料员等组成，其中对（　　）和安全员有安全生产方面的上岗资格要求。

A. 项目部经理　　B. 材料员　　C. 预算员　　D. 施工员

20. 工程定位测量过程中形成工程定位测量记录，主要内容分为（　　）部分。

A. 6　　　　　　B. 8　　　　　　C. 4　　　　　　D. 10

21. 根据规范规定，混凝土文件资料有（　　）个方面要求。

A. 5　　　　　　B. 10　　　　　C. 15　　　　　D. 20

22. 建设部《市政基础设施工程施工技术文件管理规定》（建城〔2002〕221号）中有关原材料、成品、半成品、构配件及设备技术文件的一般规定有（　　）条。

A. 8　　　　　　B. 12　　　　　C. 5　　　　　　D. 15

23. 有关原材料、成品、半成品、构配件及设备技术文件合格证书、检（试）验报告为复印件的必须加盖（　　）印章方为有效，并注明使用工程名称、规格、数量、进场日期、经办人签名及原件存放地点。

A. 供货单位　　B. 建设单位　　C. 施工单位　　D. 设计单位

24. 凡使用新技术、新工艺、新材料、新设备的，应有法定单位鉴定证明和（　　）。产品要有质量标准、使用说明和工艺要求。

A. 生产许可证　　B. 用地规划许可证　　C. 测量报告　　D. 工程预算

25. 施工中用于工程的原材料、成品、半成品、构配件及设备主要有（　　）个方面，有关质量检验及技术文件的要求有八条规定。

A. 10　　　　　B. 15　　　　　C. 20　　　　　D. 30

26. 混凝土浇筑申请表报送时间要求：白天提前1小时、晚上（下班后）和双休日提前（　　）小时报送项目监理部。

A. 8　　　　　　B. 10　　　　　C. 4　　　　　　D. 1

27. 检验批质量验收记录表主要内容由（　　）个部分组成。

A. 三　　　　　B. 五　　　　　C. 六　　　　　D. 九

28. 建设工程项目电气、给排水、消防、采暖、通风、空调、燃气、建筑智能化和电梯等管线、设备的安装施工过程中，所形成的能满足存档要求的施工文件主要有（　　）几方面。

A. 10　　　　　B. 12　　　　　C. 7　　　　　　D. 15

29. 建设工程项目电气、给排水、消防、采暖、通风、空调、燃气、建筑智能化和电梯等管线、设备的安装施工过程中图纸变更记录包括（　　）、设计变更、工程洽商等文件。

A. 施工组织设计　　B. 图纸会审　　C. 竣工图　　D. 投标文件

30. 建设工程项目电气、给排水、消防、采暖、通风、空调、燃气、建筑智能化和电梯等管线、设备的安装施工过程中工程质量检验记录包括检验批质量验收记录、（　　）、分部（子分部）工程质量验收记录等文件。

A. 分项工程质量验收记录　　　　B. 图纸会审

C. 竣工图　　　　　　　　　　　D. 投标文件

31. 按照国家验收标准的规定，地基基础、主体结构分部工程验收共有（    ）项内容。

    A. 7             B. 9             C. 4             D. 12

32. 建筑物和构筑物沉降观测的每一区域，必须有足够数量的水准点，并不得少于（    ）个。

    A. 2             B. 5             C. 7             D. 8

33. 建筑物和构筑物沉降观测的每一区域水准点应考虑永久使用，埋设坚固（不应埋设在道路、仓库、河岸、新填土、将建设或堆料的地方以及受震动影响的范围内），与被观测的建筑物和构筑物的间距为（    ）m。

    A. 30~50      B. 60~70      C. 10~20      D. 1~10

34. 建筑物和构筑物沉降观测水准点埋设须在基坑开挖前（    ）天完成。

    A. 5             B. 8             C. 15           D. 25

35. 建筑节能使用范围包括建造过程中的能耗和使用过程中的能耗了两个方面，应归档的建筑节能文件主要有（    ）个方面。

    A. 13          B. 5             C. 3             D. 15

36. 工程建设监理规划包括（    ）、监理实施细则、监理部总控制计划。

    A. 监理总规划    B. 监理大纲    C. 监理方案    D. 监理规划

37. 工程建设监理常用报表有（    ）类。

    A. 2             B. 3             C. 4             D. 5

38. 监理实施细则应由（    ）编写。

    A. 专业监理工程师            B. 总监理工程师

    C. 项目监理部负责人         D. 监理工程师

39. 工程建设监理资料的管理由（    ）负责。

    A. 项目监理部负责人        B. 监理工程师

    C. 总监理工程师              D. 监理员

40. 监理月报中进度控制方面应表达总体进度、（    ）和其他工作等信息。

    A. 重要部位工程进度       B. 主要工程项目的进度

    C. 当月工程进度             D. 关键环节工程进度

41. 建设工程监理安全生产督查记录表中督查项目一般应有（    ）个方面内容。

    A. 10          B. 12           C. 13           D. 11

42. 制定房屋建筑工程的旁站监理方案，其关键部位、关键工序包括基础工程类和（    ）类。

    A. 混凝土浇筑    B. 土方回填    C. 网架结构安装    D. 主体结构工程

43. 监理工作总结包括专题总结、月报总结、（    ）、质量评价意见报告。

    A. 季报总结    B. 年报总结    C. 工程竣工总结    D. 工程验收总结

44. 在土建工程施工中形成的工程文件主要有（    ）个方面。

    A. 10          B. 9             C. 8             D. 12

45. 施工单位向项目监理部审报施工组织设计应在开工前（    ）天审报。

    A. 10          B. 7             C. 6             D. 5

46. 工程施工定位、放线测量记录必须有设计或（　　　）签字。

A. 建设单位　　　B. 监理单位　　　C. 质监部门　　　D. 规划部门

47. 施工用的大型机械（如塔吊）在开工前由施工单位向项目监理部报送有关技术资料和（　　　）等。

A. 安装方案　　　B. 安装情况说明　　　C. 操作人员证件　　　D. 操作人员一览表

48. 建筑施工企业项目经理须获得安全生产考核合格证书（　　　），并作为施工组织设计的附件，在开工前报送项目监理部。

A. A　　　B. B　　　C. C　　　D. D

49. 分项工程检验批质量报验要求，第一道程序是（　　　）自检合格。

A. 质检员　　　B. 安全员　　　C. 班组　　　D. 施工员

50. 玻璃幕墙施工，施工单位应当报送的幕墙工程质量控制方面的资料有（　　　）、检验报告和复验报告。

A. 材料一览表　　　　　　　B. 幕墙抗风性能鉴定

C. 材料检测意见　　　　　　D. 材料质量证明书

51. 图纸变更记录包括图纸会审、（　　　）、工程洽商。

A. 设计变更　　　B. 图纸修改意见　　　C. 设计交底　　　D. 设计评定

52. 施工单位室外工程施工形成室外安装施工文件和（　　　）施工文件。

A. 雨水　　　B. 照明　　　C. 消防　　　D. 室外建筑环境

53. 市政基础设施工程开工前应由建设单位组织有关单位对施工图设计文件进行会审并按单位工程填写施工图设计文件（　　　）。

A. 审查意见　　　B. 会审记录　　　C. 记录　　　D. 讨论记录

## 二、多项选择题

1. 监理工作控制是进行（　　　）。

A. 造价控制　　　B. 进度控制　　　C. 质量控制　　　D. 安全控制　　　E. 资金控制

2. 施工监理管理文件是监理单位实施工程项目施工监理过程中形成的管理性文件，主要包括（　　　）监理工作日志、监理通知、监理通知回复单和工作联系单等。

A. 监理规划　　　　　　　B. 监理实施细则

C. 监理月报　　　　　　　D. 监理竣工总结

E. 监理会议纪要

3. 工程开工应具备的条件主要有：（　　　）；施工现场道路、水、电、通信等已达到开工条件以及其他需完成的事项。

A. 已申领建设工程施工许可证　　　B. 报审了施工组织设计

C. 报验了施工测量放线　　　　　　D. 主要施工人员、材料、设备进场

E. 分包单位资质报验

4. 旁站监理记录表主要有：日期及气候；工程地点；（　　　）；发现的问题；处理意见。

A. 旁站监理的部位或工序　　　B. 旁站开始和结束时间

C. 施工情况　　　　　　　　　D. 监理情况

E. 专题会议纪要

5. 施工试验文件主要产生回填试验（　　）道路压实度检测报告等试验文件。

A. 砌筑砂浆试验　　　　　　　　　B. 混凝土试验

C. 钢筋（构件）试验　　　　　　　D. 建筑装饰装修工程施工检测记录

E. 基槽验线记录

6. 隐蔽工程检查包括：（　　），给水、排水及采暖工程隐检，电子工程隐检，通风与空洞、电梯工程隐检，智能建筑工程隐检，市政工程隐检等。

A. 地基基础工程隐检　　　　　　　B. 主体结构工程隐检

C. 建筑装饰装修工程隐检　　　　　D. 屋面工程隐检

E. 试桩记录

7. 根据国家规范，工程质量检查验收是在施工单位自行质量检查评定的基础上，参与建设活动的有关单位共同对（　　）的质量进行抽样复验，依据相关标准以书面形式对工程质量达到合格与否做出确认。

A. 检验批　　　B. 分项　　　C. 分部　　　D. 单位工程　　　E. 工序

8. 施工组织设计主要内容包括：（　　）、施工平面布置图、施工准备工作计划、季节性施工方案、质量与安全文明施工各项保证措施等内容。

A. 工程概况　　　　　　　　　　　B. 施工部署

C. 施工方案　　　　　　　　　　　D. 施工进度计划及施工进度表

E. 竣工日期

9. 设计变更通知单的内容包括（　　）、变更理由、变更通知时间、变更内容和建设（监理）、设计、施工单位的签字栏等。

A. 专业名称　　　　　　　　　　　B. 设计单位名称

C. 变更项目　　　　　　　　　　　D. 开工日期

E. 工程名称

10. 施工项目经理部组成人员主要有（　　）、安全员、预算员、材料员、资料员等组成。其中对项目部经理和安全员有安全生产方面的上岗资格要求。

A. 项目部经理　　　　　　　　　　B. 项目工程师（技术负责人）

C. 施工员　　　　　　　　　　　　D. 质检员

E. 监理工程师

11. 工程定位测量过程中形成工程定位测量记录，主要内容包括：基本情况；（　　）。

A. 定位抄测示意图　　　　　　　　B. 复测结果

C. 相关人员签字　　　　　　　　　D. 工程决算

E. 竣工测量

12. 基槽验线记录内容有（　　）、检查意见以及施工测量单位、施工单位和建设（监理）单位有关人员签认。

A. 工程名称　　　　　　　　　　　B. 验线日期

C. 验线依据及内容　　　　　　　　D. 竣工图

E. 基槽平面和剖面简图

13. 桩基施工记录及检查包括（　　）、桩位偏差、桩顶完整性和接桩质量等内容。

A. 孔位　　　　　　　　　B. 孔径　　　　　　　　　C. 桩体垂直度

D. 桩顶标高　　　　　　　E. 桩基检测报告

14. 按照国家验收标准的规定，地基基础、主体结构分部质量检查验收有（　　）等项内容。

A. 核查各分项工程的质量　　　B. 核查质量控制资料

C. 对安全、功能项目做抽样检测　D. 核查各检验批的质量

E. 核查分部项目质量

15. 工程建造过程中的能耗，包括（　　）。

A. 工程建筑材料　　　　　　B. 建筑构配件

C. 建筑设备的生产和运输　　　D. 建筑施工和安装中的能耗

E. 通风

16. 使用过程中的能耗，包括（　　）、电梯和冷热水供应等的能耗。

A. 房屋建筑和构筑物使用期内采暖　B. 通风

C. 照明　　　　　　　　　　D. 家用电器

E. 安装中的能耗

17. 工程质量检验记录包括（　　）验收记录和分部（子分部）工程质量验收记录。

A. 分项工程质量　　　　　　B. 分层工程质量

C. 检验批质量　　　　　　　D. 基础、主体工程

E. 幕墙工程

18. 报送监理的施工分包资质资料包括（　　）单位资质资料。

A. 总包　　　　B. 分包　　　　C. 供货　　　　D. 试验　　　　E. 监理

19. 监理关于合同与其他事项管理文件包括（　　）。

A. 合同变更材料　　　　　　B. 合同争议、违约报告及处理意见

C. 洽商费用报审与签认　　　D. 费用索赔报告及审批

E. 工程延期报告及审批

20. 工程文件包括工程准备阶段文件、（　　）。

A. 设计　　　　　　　　　　B. 施工　　　　　　　　　C. 监理

D. 竣工图　　　　　　　　　E. 竣工验收文件

21. 工程监理通知应包括有关（　　）的监理通知。

A. 造价　　　　B. 合同　　　　C. 进度　　　　D. 质量　　　　E. 资金

22. 工程监理工作总结包括（　　）总结。

A. 月报　　　　B. 季报　　　　C. 专题　　　　D. 工程竣工　　　　E. 例会

23. 施工现场准备形成文件有（　　）。

A. 施工"三通"资料　　　　　B. 工程定位测量资料

C. 施工安全措施　　　　　　D. 地基处理资料

E. 控制网设置资料

24. 施工材料预制构件质量证明文件及复试试验报告必须有（　　）的出厂证明文件和复试试验报告。

A. 砖　　　　B. 砂　　　　C. 石　　　　D. 瓦　　　　E. 沥青

25. 施工试验记录包括（　　）有关试验报告。

A. 水泥　　　　B. 混凝土　　　　C. 砂浆　　　　D. 防火材料　　　E. 钢筋

26. 房屋工程施工记录包括（　　）记录。

A. 沉降观测　　　　　　　　　B. 试桩

C. 预检工程检查　　　　　　　D. 工程竣工测量

E. 弯沉检测

27. 市政基础设施工程预应力张拉记录应包括（　　）。

A. 孔位示意图　　　　　　　　B. 预应力张拉记录表

C. 预应力张位送审记录　　　　D. 预应力张拉孔道压浆记录

E. 射线探伤报告

28. 市政基础设施工程竣工图包含（　　）工程竣工图。

A. 隧道　　　　B. 地下人防　　　C. 广场　　　　D. 烟道　　　E. 道路

29. 一般情况下，施工组织设计中主要有（　　）附件。

A. 施工项目部人员一览表及相关证件的复印件

B. 监理项目部人员一览表及相关证件的复印件

C. 特殊工种人员一览表及相关证件的复印件

D. 进场材料、设备一览表

E. 施工现场分布图

30. 开工前施工单位向项目监理部报送主要资料中应包括（　　）。

A. 定位放线测量记录　　　　　B. 进场材料

C. 规划用地许可证　　　　　　D. 建设工程开工审批表

E. 建设工程规划许可证

31. 工程填充墙砌体施工中，施工单位向项目监理部报送资料中包含（　　）检验报告单。

A. 砂浆　　　　B. 砖　　　　　C. 混凝土　　　　D. 砂　　　　E. 钢筋

32. 防水材料进场后，施工单位向项目监理部报送的防水材料进场使用报验单，应附有（　　）资料。

A. 防水材料清单　　　　　　　B. 出厂合格证与质保书

C. 防水材料检测报告　　　　　D. 防水工程施工方案

E. 施工单位资质

33. 幕墙工程验收应提供（　　）性能检测报告。

A. 抗风压　　　B. 平面变形　　　C. 抗震　　　　D. 空气渗透　　　E. 雨水渗漏

34. 设计变更通知单应由（　　）单位代表签字。

A. 建设　　　　B. 设计　　　　C. 施工　　　　D. 质监　　　　E. 检测

35. 图纸会审记录应由（　　）单位各保存一份。

A. 建设　　　　　　　　　B. 设计　　　　　　　　C. 施工

D. 监理　　　　　　　　　E. 城建档案馆

36. 土建基槽验线记录应根据主控轴线和基槽底平面图、检验建筑物基底外轮廓线、（　　）和坡度等填写。

A. 集水坑　　　 B. 基槽断面尺寸C. 电梯井坑　　　 D. 垫层底标高　 E. 桩号

37. 土建工程规范规定的主要隐检项目包括了（　　）。

A. 桩基工程　　　　　　　 B. 楼梯工程　　　　　　　　　 C. 砌体工程

D. 预应力工程　　　　　　 E. 钢结构工程

38. 地下工程防水效果检查记录中施工单位及建筑工程公司的（　　）应签字。

A. 项目经理　　　　　　　 B. 专业技术负责人

C. 专业质检员　　　　　　 D. 专业工长　　　　　　　　　 E. 资料员

39. 土建施工中应按规范要求绘制回填取点平面示意图，分（　　）取样做《回填土试验报告》。

A. 层　　　　 B. 段（步）　 C. 米　　　　 D. 距离　　　 E. 高程

40. 混凝土抗压强度试验报告中应有（　　）的试验结果。

A. 受压面积　　 B. 荷载　　 C. 平均抗压强度　 D. 粘贴强度　 E. 龄期

41. 单位工程质量竣工验收记录的综合验收结论由参加验收（　　）等单位商定后填写。

A. 建设　　　　 B. 监理　　　 C. 施工　　　　 D. 设计　　　 E. 检测

42. 单位（子单位）工程观感质量检查记录质量评价分为（　　）。

A. 良好　　　　 B. 好　　　　 C. 一般　　　　 D. 差　　　　 E. 优良

43. 工程监理单位对工程竣工报验主要审查是否符合（　　）。

A. 我国现行法律法规要求　　 B. 我国现行工程建设标准

C. 设计文件要求　　　　　　 D. 施工合同要求

E. 质监部门审查意见

44. 工程文件资料中要求签字栏（　　）。

A. 本人手签　 B. 不得打印　 C. 不得代签　　 D. 可以盖章　 E. 可以代签

45. 施工单位向监理报送的幕墙工程材料质量证明书应包括（　　）等的产品合格证书、性能检测报告。

A. 铝合金　　　　　　　　 B. 砂浆

C. 幕墙用钢材及五金　　　 D. 幕墙板材

E. 保温、防火材料

46. 市政基础设施工程设计变更、洽商记录包括（　　）。

A. 设计变更会议纪要　　　 B. 设计变更通知单

C. 洽商会审通知单　　　　 D. 洽商记录

E. 图纸会审

47. 凡是进入市政基础设施施工现场的（　　），在使用前必须按现行国家有关标准的规定抽取试样，交由具有相应资质的检测、试验机构进行复试，复试结果合格方可使用。

A. 原材料　　　 B. 成品　　　 C. 半成品　　　 D. 设备　　　 E. 构配件

48. 市政基础设施施工凡使用新（　　）的，应有法定单位鉴定证明和生产许可证。

A. 技术　　　　 B. 标准　　　 C. 工艺　　　　 D. 材料　　　 E. 设备

49. 建设工程竣工验收应具备条件中规定要有（　　）等单位分别签署的质量合格

文件。

    A. 建设　　　　　B. 勘察　　　　　C. 设计　　　　　D. 施工　　　　　E. 监理

50. 施工用的材料、设备的质量证明文件包括（　　）等。

    A. 出厂合格证　　B. 质量保证书　　C. 检查证明　　D. 准用证　　E. 商检证

51. 监理工作总结中工作成效主要包括（　　）等目标实际完成情况、安全生产与文明施工和合格化建设产生的实际效果情况等。

    A. 投资　　　　　B. 安全　　　　　C. 进度　　　　　D. 质量　　　　　E. 工期

52. 土建隐蔽工程检查记录包括（　　）。

    A. 钢结构工程　　　　　　　　　B. 防水工程

    C. 基础和主体结构钢筋工程　　　D. 防腐工程

    E. 高程控制

53. 对于检验批质量验收记录，（　　）单位有关人员须签署评定（验收）记录并签字。

    A. 建设　　　　　B. 施工　　　　　C. 监理　　　　　D. 质监　　　　　E. 设计

54. 钢筋连接试验报告中，除写明工程名称、试验数据、试验日期、试验结果外，还应写明（　　）。

    A. 钢筋级别　　　　　　　　　　B. 钢筋产地

    C. 接头类型、规格　　　　　　　D. 代表数量　　　　　　E. 检验形式

## 三、判断题

1. 设计变更通知单应由设计专业负责人、监理及建设单位和施工单位相关负责人签认。　　　　　　　　　　　　　　　　　　　　　　　　　　　　　　（　　）

2. 某市综合教学楼项目，专业设计单位设计没有出正式蓝图，总监理工程师确定不具备开工条件。　　　　　　　　　　　　　　　　　　　　　　　　　　（　　）

3. 建设工程监理工作文件是指监理大纲、监理规划和监理实施细则，三者之间不存在依据性关系。　　　　　　　　　　　　　　　　　　　　　　　　　　（　　）

4. 变更工程量中包含设计变更、建设单位变更和合同工程量清单之外增加或扣减的工程量，监理工程师应将变更通知单作为变更工程量计量的重要依据之一。（　　）

5. 施工技术交底记录是建设单位（或设计单位）组织对施工组织设计、专项施工方案、分项工程施工技术、"四新"（新材料、新产品、新技术、新工艺）使用等技术交底和设计变更技术交底。　　　　　　　　　　　　　　　　　　　　　　　　　（　　）

6. 工程检查是指在施工过程中对各专业、各工序、各环节的工程质量进行控制检查，主要形成预检记录、隐蔽工程检查记录和交接检查记录。　　　　　　　　（　　）

7. 功能性试验文件由质监单位汇总并整理，经建设、监理、施工单位检验并签署意见。　　　　　　　　　　　　　　　　　　　　　　　　　　　　　　　　（　　）

8. 确保桩基工程质量须按设计要求和相关规范对桩基检测，检测单位进行桩基的完整性和承载力检测，通常采取动载荷、静载荷试验，试验后出具桩基检测报告。（　　）

9. 检验批是工程验收的较小单位，是分项工程乃至整个建筑工程质量验收的基础。

                                                     （　　）

10. 检验批不可根据施工及质量控制和专业验收需要按楼层、施工段、变形缝等进行划分。                                    （    ）

11. 分项工程应按主要工种、材料、施工工艺、设备等进行划分，如模板、钢筋、混凝土分项工程是按工种进行划分的，它是由一个或若干个检验批组成。                                    （    ）

12. 分项工程质量验收，只是对多个检验批验收的统计与汇总。                                    （    ）

13. 技术交底记录除了工程名称、交底提要、交底日期等基本内容外，重点填写交底内容，交底人、接受交底人和审核人均要签认。                                    （    ）

14. 按照规范规定，建设单位提出设计变更后就可以直接下达给施工单位。                                    （    ）

15. 强度等级是混凝土最重要的质量指标之一。                                    （    ）

16. 有关原材料、成品、半成品、构配件及设备技术文件进场材料凡是复试不合格的，应按原标准规定的要求再次进行复试，再次复试的结果合格方可认为该批材料合格，两次报告必须同时归入施工技术文件。                                    （    ）

17. 有关原材料、成品、半成品、构配件及设备技术文件进场材料对按国家规定只提供技术参数的测试报告，应由使用单位的技术负责人依据有关技术标准对技术参数进行判别并签字认可。                                    （    ）

18. 有关原材料、成品、半成品、构配件及设备技术文件进场材料必须按有关规定实行有见证取样和送样制度，但其记录、汇总表可不纳入施工技术文件。                                    （    ）

19. 有关原材料、成品、半成品、构配件及设备技术文件进场材料总含碱量有要求的地区，应对混凝土使用的水泥、砂、外加剂、掺合料等的含碱量进行检测，并按规定要求将报告纳入施工技术文件。                                    （    ）

20. 基槽验线主要是检查基底控制轴线、垫层地标高，基槽开挖的断面尺寸、坡度等各项指标是否符合设计要求以及工程的施工测量方案是否可行，保证建筑物结构安全。                                    （    ）

21. 某商业大厦电气安装工程功能性试验只需进行接地电阻测试行。                    （    ）

22. 施工实施阶段产生的工程文件包括竣工图。                    （    ）

23. 工程监理文件全部产生于工程施工实施阶段。                    （    ）

24. 监理实施细则是建设工程监理工作文件。                    （    ）

25. 工程监理月报基本内容可分为九个方面。                    （    ）

26. 专业监理工程师检查发现施工质量问题，应向施工单位发放"工作联系单"。                                    （    ）

27. 根据有关规定，施工单位除了深基坑要制定专项施工方案外，还要组织专家进行论证、审查。                                    （    ）

28. 施工检验批质量验收记录，其数据应当是现场实测记录数据。                    （    ）

29. 材料、设备进场只要有出厂合格证与质保书的就不需要见证取样进行复试。                                    （    ）

30. 分包工程不要求办理开工报告。                    （    ）

31. 电梯安装工程、消防系统工程、弱电等工程在开工前审报的资料中必须包括施工企业资质等级证书。                                    （    ）

32. 工程变更的根本原因是施工单位。                    （    ）

# 第4章 工程竣工验收阶段文件

## 一、单项选择题

1. 在工程竣工验收整个过程中，形成工程竣工文件、工程竣工验收文件、（　　）、工程竣工财务文件以及其他竣工文件等。

 A. 工程竣工备案文件     B. 施工技术文件

 C. 地质勘查文件      D. 水文勘察文件

2. 工程竣工报验文件主要由（　　）、工程竣工报验单、工程质量检查报告三部分组成。

 A. 工程竣工报告      B. 设计变更通知单

 C. 工程洽商记录      D. 工程交底记录

3. 工程竣工验收备案产生的备案文件主要有（　　）、工程竣工验收报告、认可文件（或准许使用文件）、工程质量监督报告、保修文件等。

 A. 工程竣工验收备案表    B. 中标通知书

 C. 施工合同备案表     D. 监理合同备案表

4. 工程质量监督机构应在工程验收合格后（　　）个工作日内做出质量监督报告。

 A. 5      B. 8      C. 10      D. 12

5. 工程质量监督机构对工程竣工验收实行监督，工程质量监督报告主要内容包括（　　）个方面。

 A. 10      B. 7      C. 3      D. 12

6. 施工单位应为工程竣工验收做好自查、提交工程竣工报告等（　　）个方面相关准备。

 A. 10      B. 7      C. 3      D. 10

7. 工程竣工验收准备过程中，施工单位主要形成（　　）、工程款支付证明、工程质量保修书三种文件。

 A. 工程竣工报告   B. 竣工图    C. 工程预算    D. 工程决算

8. 工程竣工验收备案表由（　　）在工程竣工验收合格后负责填报。

 A. 建设单位    B. 施工单位    C. 监理单位    D. 设计单位

9. 工程竣工验收备案认可文件（或称准许使用证明文件），是指政府有关部门对规划、（　　）、环保等专项业务验收形成的专门文件。

 A. 公安消防   B. 施工单位   C. 监理单位    D. 设计单位

10. 根据工程的实际情况和绘制竣工图的方法，可以把竣工图的类型分为（　　）种。

 A. 4      B. 5      C. 3      D. 2

11. 竣工图编制是以（　　）为基础，根据各种变更文件，在原施工图上修改或重新绘制而成。

 A. 施工图    B. 施工预算    C. 工程决算    D. 工程合同

12. 因编制竣工图需增加的施工图，由（　　）负责及时提供给施工单位，并在签订

合同时，明确需要增加的份数

    A. 建设单位     B. 施工单位     C. 勘察单位     D. 设计单位

13. 建筑安装工程竣工图的基本内容包括：总图、专业图和（    ）。

    A. 建筑图     B. 室外综合图   C. 给排水图     D. 电气图

14. 竣工图章的式样和尺寸按统一规格（    ）。

    A. 宽 50mm，长 80mm         B. 宽 20mm，长 30mm

    C. 宽 350mm，长 45mm        D. 宽 55mm，长 90mm

15. 竣工验收阶段主要文件有（    ）和竣工验收文件。

    A. 施工图     B. 竣工报告     C. 竣工验收证明   D. 竣工图

16. 建设单位应当自工程竣工验收合格之日起（    ）内，向工程所在地县级以上地方人民政府建设主管部门备案。

    A. 20 日         B. 30 日        C. 15 日        D. 1 个月

17. 单位（子单位）工程安全和功能检验资料核查及主要功能抽查记录，由（    ）签署结论意见。

    A. 质检员     B. 资料员       C. 总监理工程师   D. 项目经理

18. 单位（子单位）工程观感质量检查记录是由验收人员逐项检查共同商定评价意见，最终由（    ）签署验收结论。

    A. 总监理工程师与施工单位项目经理     B. 总监理工程师

    C. 施工单位项目经理             D. 质检员

19. 建设工程保修文件包括：建设工程质量保修书、住宅质量保证书和（    ）。

    A. 住宅功能说明书        B. 住宅质量保修书

    C. 住宅使用说明书        D. 住宅保修说明书

20. 竣工决算一般由工程（    ）编制形成。

    A. 建设单位     B. 合同双方     C. 监理单位     D. 施工单位

## 二、多项选择题

1. 建设工程竣工验收是在具备验收条件后，由建设单位组织（    ）和自身等建设主体的相关负责人、责任人，对工程质量进行全面验收的活动。

    A. 监理单位     B. 施工单位     C. 勘察单位     D. 设计单位     E. 检测单位

2. 工程款支付证明主要内容为（    ），剩余未支付工程款，剩余工程款支付时间及方式以及建设单位、施工单位、第三方证明单位意见。

    A. 工程承包合同总价       B. 增加工作量造价

    C. 已支付工程款         D. 按合同约定应支付工程款

    E. 设计变更

3. 地下管线工程是指城市地下管网和（    ）供电、电信、信息网、军事、工业等专用管线。

    A. 给水     B. 排水     C. 供气        D. 供热       E. 建筑排水

4. 工程竣工验收文件包括：（    ）。

    A. 单位（子单位）工程质量评定表

B. 单位（子单位）工程质量竣工验收记录

C. 单位（子单位）工程质量控制资料核查记录

D. 单位（子单位）工程安全和功能检验资料核查记录

E. 单位（子单位）工程观感质量检查记录

5. 总图是指建设工程的建设位置图和设计总说明书，一般包括（　　）。

A. 综合图 　　　　　　　　B. 总平面布置图 　　　　　C. 竖向布置图

D. 设计总说明 　　　　　　E. 地下综合图

6. 施工单位应为工程竣工验收做好相关准备，主要包括施工单位对承建工程竣工标准自查，对（　　）按实填写工程支付证明文件和按合同约定于建设单位签署工程质量保修书等。

A. 对单位工程施工质量文件检查确认　　B. 对工程项目质量自评验收

C. 提交工程竣工报告 　　　　　　　　D. 检查整理施工过程中形成的文件资料

E. 提交备案文件

## 三、判断题

1. 施工单位自检可以代替单位（子单位）工程质量竣工验收。　　　　　　（　　）

2. 城市劳动主管部门对电梯安装情况检查审核后核发电梯使用许可证。　　（　　）

3. 总平面布置图是工程位置立体图，具体内容为建设项目平面立体图、坐标立体图、单位工程平面立体和方位图等。　　　　　　　　　　　　　　　　　　　　　（　　）

4. 建设工程建筑竣工图有建筑物总平面图、立面图、剖面图，各楼层、楼梯间、井道等平面图、剖面图、节点大样图，防水、变形缝作法大样图，以及建筑设计说明等。

（　　）

5. 竣工图与施工图之间有着本质区别，二者区别在于：施工图是建设工程施工前产生的，是施工的依据；竣工图是建设工程施工过程中形成的完全反映工程施工结果的图纸，是工程建成后的真实写照。　　　　　　　　　　　　　　　　　　　　　（　　）

6. 竣工图章（签）是把原施工图改变为竣工图的标志，竣工图章（签）是工程竣工的依据，要按规定填写图章（签）上各面内容。编制单位、编制人、技术负责人要对本竣工图负责。　　　　　　　　　　　　　　　　　　　　　　　　　　　　　　　（　　）

7. 有完整的技术档案和施工管理资料是建设工程竣工验收具备的条件之一。（　　）

8. 建筑安装工程专业竣工图中不包含电气工程竣工图。　　　　　　　　　（　　）

9. 编制整理竣工图所需的费用，凡属设计原因造成的，由建设单位解决。　（　　）

# 第5章　工程文件的质量

## 一、单项选择题

1. 工程文件内容的质量要求包括：第一，工程文件内容真实且与工程实际相符；第二，（　　）；第三，工程文件内容完整，且数量齐全。

A. 工程文件内容及深度符合规范标准　　B. 工程文件内容编制规范

C. 工程文件内容成套　　　　　　　　　　D. 工程文件与工程实际同步

2. 工程文件的质量要求包括内容的质量要求、（　　　）的质量要求和外观的质量要求。

A. 书写材料　　　　B. 编制规范　　　C. 纸张　　　　　　D. 制成材料

3. 工程文件文字材料幅面尺寸规格宜为（　　　）幅面。

A. 16K　　　　　　B. A4　　　　　　C. B5　　　　　　　D. A3

4. 原件书写应采用耐久性强的书写材料，如：碳素墨水、（　　　）。

A. 红笔　　　　　　B. 纯蓝墨水　　　C. 铅笔　　　　　　D. 蓝黑墨水

5. （　　　）是影响工程文件质量的客观因素之一。

A. 工程文件不真实　　　　　　　　　　B. 制度不健全

C. 工程文件不齐全　　　　　　　　　　D. 参建单位不重视

6. （　　　）是影响工程文件质量的主要人为因素。

A. 硬件设施品质　　　　　　　　　　　B. 参建单位的重视程度

C. 建设活动的变化　　　　　　　　　　D. 制成材料不符要求

## 二、多项选择题

1. 工程文件的质量从其内容来说，主要表现为工程文件及图纸的（　　　）。

A. 成套性　　　　B. 程序性　　　　C. 完整性　　　D. 真实性　　　E. 过程性

2. 工程文件要求使用（　　　）的纸张。

A. 厚度大　　　　B. 韧力大　　　　C. 耐久性强　　　D. 能长期保存　E. 热敏材料

3. 工程声像文件一般是以（　　　）光盘等不同材料为载体。

A. 照片　　　　　B. 胶片　　　　　C. 磁带　　　　　D. 磁盘　　　　　E. 计算机

4. 磁带按用途可大致分成（　　　）。

A. 录音带　　　　B. 录像带　　　　C. 计算机带　　　D. 仪表磁带　　　E. 硬磁带

5. 工程文件外观质量应达到（　　　）的规范标准。

A. 字迹清晰　　　B. 图表整洁　　　C. 耐久性强　　　D. 图样清晰　　　E. 手续完备

6. 影响工程文件质量的人为因素主要包括（　　　）等。

A. 硬件设施的品质　　　　　　　　　　B. 参建单位的重视程度

C. 规章制度的执行　　　　　　　　　　D. 监理职能的履行

E. 工程人员自身素质

7. 工程文件质量的控制，主要应采取（　　　）和认真组织预验收等多项措施。

A. 建立档案责任制　　　　　　　　　　B. 抓好文件形成源头

C. 提高档案人员主观能动性　　　　　　D. 发挥监理作用

E. 健全规章制度

## 三、判断题

1. 工程文件不得随意修改，这是一条重要基本原则。　　　　　　　　　　（　　　）

2. 签字不得漏签、代签，可以签字代盖章或以盖章代签字。　　　　　　　（　　　）

3. 工程文件书写材料是决定工程档案寿命长短的一个重要因素。　　　　　（　　　）

4. 图纸一般采用蓝晒图，竣工图也应是蓝图。 （  　）

5. 计算机出图必须清晰，可以使用计算机出图的复印件。 （  　）

6. 数码摄像机按储存介质可分为：磁带式、光盘式、硬盘式。 （  　）

7. 磁盘有软磁盘和硬磁盘两种。 （  　）

8. 光盘存放应防止盘面受损和发生化学反应，应尽量避免落上灰尘并远离磁场。

（  　）

9. 磁盘存放的注意点有温度情况和湿度情况。 （  　）

10. 复写件、复印件可以作为长期保存。 （  　）

11. 建设活动的变化是影响工程文件质量的经常性因素。 （  　）

12. 参建单位保管条件的好差也影响着工程文件日后归档的质量。 （  　）

13. 工程人员素质是指工程人员的业务素质。 （  　）

14. 工程文件质量的控制是指对工程文件立卷归档的全过程的监督、检查，应当与工程建设相同步。 （  　）

# 第6章　工程文件的积累与收集

## 一、单项选择题

1. 为保证补办文件的真实性，文件须经（  　）及负责人签字、盖章方为有效。

A. 建设单位　　　B. 参建单位　　　C. 形成单位　　　D. 经办单位

2. 工程文件积累和收集要基本上与（  　）同步。

A. 专业　　　　　B. 阶段　　　　　C. 过程　　　　　D. 文件形成

3. 项目建议书建设单位应该（  　）保管。

A. 永久　　　　　B. 长期　　　　　C. 短期　　　　　D. 不需

4. 工程文件的积累和收集的范围应参照（  　）。

A.《建设工程文件归档整理规范》 B.《建筑工程施工质量验收统一标准》

C.《城市建设档案著录规范》 D.《建筑工程资料管理规程》

5. 竣工图建设单位应该（  　）保管。

A. 永久　　　　　B. 长期　　　　　C. 短期　　　　　D. 不需

6. 竣工验收记录应该保管的单位有建设单位、施工单位、（  　）等。

A. 设计单位　　　B. 材料供应单位 C. 勘察单位　　　D. 城建档案馆

7. 工程文件积累的一般方法有：参建单位工程文件形成人员各自积累、参建单位专（兼）职档案员、资料员积累、（  　）代为积累。

A. 参建单位档案管理部门　　　　　B. 监理单位档案管理部门

C. 建设单位档案管理部门　　　　　D. 城建档案馆

8. （  　）负责工程文件的收集、接收和工程档案编制工作的组织、监督和检查。

A. 设计单位　　　B. 监理单位　　　C. 勘察单位　　　D. 建设单位

9. 各形成单位收集汇总的工程文件，移交工作一般分为（  　）个层次。

A. 一　　　　B. 二　　　　C. 三　　　　D. 四

10. 工程竣工验收后，（　　）应在规定的时间内向城市建设档案馆（室）移交一套符合规范的工程档案。

A. 设计单位　　B. 监理单位　　C. 勘察单位　　D. 建设单位

11. 各承包单位将各自形成的工程文件，整理汇总后分别向（　　）移交。

A. 监理单位　　B. 总包单位　　C. 建设单位　　D. 施工单位

12. 停缓建项目应将形成的工程文件收集齐全，由（　　）保存。

A. 建设单位　　B. 设计单位　　C. 监理单位　　D. 施工单位

13. 转移项目的工程文件（　　）随建设项目一同移交。

A. 必须　　　　B. 可以　　　　C. 不需　　　　D. 不可以

14. （　　）要按新建工程项目的文件及档案管理要求执行。

A. 缓建项目　　B. 停建项目　　C. 改扩建项目　　D. 作废项目

## 二、多项选择题

1. 工程文件积累要有针对性，具体应注意在（　　）上的针对性。

A. 内容　　　　B. 阶段　　　　C. 过程　　　　D. 协调　　　　E. 时间

2. 工程文件的积累与收集中，保证文件数量的完整性，要做到（　　）。

A. 重视工程文件的程序性　　　　B. 确定工程文件的基本内容

C. 保证工程文件的准确性　　　　D. 重视工程文件的鉴定

E. 实行工程文件登记制度

3. 工程文件积累与收集范围应遵循完整性原则，包括工程文件的（　　）的完整性。

A. 机构源　　B. 文件源　　C. 程序源　　　　D. 活动源　　　　E. 时间源

4. "设计变更记录"需要保存的单位有（　　）。

A. 建设单位　　　　　　B. 监理单位　　　　　　C. 施工单位

D. 设计单位　　　　　　E. 城建档案馆

5. 施工承包合同需要保存的单位有（　　）。

A. 建设单位　　　　　　B. 监理单位　　　　　　C. 施工单位

D. 设计单位　　　　　　E. 城建档案馆

6. 建设工程规划许可证及其附件保存的单位有（　　）。

A. 建设单位　　　　　　B. 监理单位　　　　　　C. 施工单位

D. 设计单位　　　　　　E. 城建档案馆

7. 工程质量检验记录包括（　　）。

A. 检验批质量验收记录　　　　B. 工序质量验收记录

C. 分项工程质量验收记录　　　　D. 分部（子分部）工程验收记录

E. 隐蔽工程质量验收记录

8. 建设单位是（　　）积累的责任单位。

A. 施工文件　　　　　　B. 监理文件　　　　　　C. 设计文件

D. 工程准备阶段文件　　E. 竣工验收文件

9. 工程文件收集的基本方法包括（　　　）。

A. 建立制度　　　B. 与建设同步　C. 纳入程序　　　D. 疏通渠道　　E. 分类进行

10. 将工程文件收集工作纳入工程建设管理程序的方法，可以有（　　　）。

A. 列入工作计划　　　　　　　B. 列入建设步骤

C. 列入检查验收内容　　　　　D. 列入岗位职责

E. 列入竣工验收制度

11. 工程文件收集监督与检查内容主要包括（　　　）。

A. 督促各形成单位指派专（兼）人员负责　　B. 开展技术咨询

C. 规定移交时间　　　　　　　　　　　　　D. 开展业务指导

E. 对不合格的工程文件提出意见并限时整改

12. 工程文件积累与收集的措施可以有（　　　）等。

A. 分阶段、按专业和按单位工程进行　　B. 分班组进行

C. 不同形式的工程文件同时收集　　　　D. 实行统一保管

E. 建立经济保障制度

13. 积累与收集工程文件时，工程文件的质量检查应包括（　　　）等。

A. 各种载体形式的工程文件是否满足归档要求

B. 文件编制是否满足归档要求

C. 签认是否齐全和符合规定

D. 工程文件的种类和数量是否齐全

E. 是否原件归档

## 三、判断题

1. 工程文件的积累是指通过一定的方式、方法和制度，把分散在各参建单位或个人手中的具有保存价值的工程文件，有计划的收集起来的一项工作。　　　　　　（　　　）

2. 工程文件的收集工作是将工程文件由分散到集中的过程。　　　　　　　（　　　）

3. 确定工程文件积累与收集范围应遵循完整性、成套性、目的性和价值性等原则。

（　　　）

4. "初步设计图纸和说明"应该及时向城建档案馆归档。　　　　　　　　　（　　　）

5. "施工图及其说明"施工单位应该长期保管。　　　　　　　　　　　　　（　　　）

6. "施工预算"建设单位只需短期保管。　　　　　　　　　　　　　　　　（　　　）

7. 各参建单位是工程文件积累的第一责任单位。　　　　　　　　　　　　（　　　）

8. 施工实行总承包制的，建设单位负责收集汇总各分包单位形成的施工文件。

（　　　）

9. 工程文件收集工作是归档前的工作，不需列入竣工验收制度。　　　　　（　　　）

10. 工程文件的收集工作应与工程建设基本同步，应列入建设步骤。　　　　（　　　）

11. 施工单位负责收集的是施工文件。　　　　　　　　　　　　　　　　　（　　　）

12. 工程改扩建时形成的工程文件可不按新建工程项目的文件及档案管理要求执行。

（　　　）

# 第7章 工程文件的立卷

## 一、单项选择题

1. 工程文件立卷，首先要（　　），才能真实地反映工程项目建设的过程及原貌。

A. 按单位工程立卷　　　　　　　　B. 遵循工程文件的自然形成规律

C. 便于档案利用　　　　　　　　　D. 便于档案保密

2. 工程文件立卷实行文件（　　）立卷负责制。

A. 参建单位　　　B. 施工单位　　　C. 建设单位　　　D. 形成单位

3. 按（　　）立卷是工程文件立卷和工程档案管理的基本要求。

A. 工序　　　　　B. 单位工程　　　C. 分部工程　　　D. 工程项目

4. 工程文件立卷应适当考虑文件数量，案卷一般不超过（　　）。

A. 2cm　　　　　　B. 3cm　　　　　　C. 4cm　　　　　　D. 1.5cm

5. 工程准备阶段文件可按（　　）、专业和形成单位等组卷。

A. 建设程序　　　B. 形成时间　　　C. 阶段　　　　　D. 编制单位

6. 如果一个建设项目是由多个单位工程组成的，工程准备阶段文件通常放在本建设项目（　　）的单位工程中。

A. 第一个开工　　B. 第一个竣工　　C. 最后开工　　　D. 最后竣工

7. 立卷的工程文件只能用复印件时，应加盖（　　）。

A. 施工项目经理部章　　　　　　　B. 编制单位公章

C. 项目监理部章　　　　　　　　　D. 产生文件的原单位公章

8. 单位工程监理文件可按分部工程、专业、（　　）等立卷。

A. 时间　　　　　B. 形成单位　　　C. 阶段　　　　　D. 分部

9. 监理文件一般组卷可由三部分组成：工程准备阶段、施工过程及（　　）监理文件。

A. 施工准备　　　B. 竣工验收　　　C. 竣工备案　　　D. 竣工预验收

10. 施工文件单位工程立卷方法通常首先将文件按（　　）划分归类。

A. 分部工程　　　B. 分项工程　　　C. 专业　　　　　D. 阶段

11. 单位工程竣工图立卷主要按（　　）进行。

A. 分部工程　　　B. 工艺　　　　　C. 专业　　　　　D. 阶段

12. 案卷内文字文件按（　　）、专业顺序排列。

A. 事项　　　　　B. 时间　　　　　C. 形成单位　　　D. 施工顺序

13. 同一事项的请示与批复的排列按（　　）。

A. 按时间顺序　　　　　　　　　　B. 批复在前、请示在后

C. 请示在前、批复在后　　　　　　D. 无所谓

14. 同一文件的印本和定稿也是不能分开的，应同时归档，排列顺序是（　　）。

A. 印本在前，定稿在后　　　　　　B. 定稿在前，印本在后

C. 时间顺序　　　　　　　　　　　D. 无所谓

15. 项目建议书中的主件附件不能分开，排列顺序（　　）。

A. 主件在前，附件在后　　　　　　B. 附件在前，主件在后

C. 时间顺序 　　　　　　　　　　D. 无所谓

16. 图纸及竣工图应先按专业分开，再按（　　）排序。

A. 工艺 　　　　B. 时间 　　　　C. 图号 　　　　D. 施工顺序

17. 单位工程文字文件立卷后，应按（　　）顺序排列案卷。（①工程准备阶段文件、②竣工验收文件、③监理文件、④施工文件）

A. ①②③④ 　　B. ①③②④ 　　C. ①④②③ 　　D. ①③④②

18. 一卷内只有一个专业的文字文件和图纸时，应当文字文件排（　　），图纸排（　　）的原则。

A. 前，后 　　　B. 后，前 　　　C. 时间顺序 　　　D. 无所谓

19. 编写页号以（　　）为单位。

A. 项目 　　　　B. 工程 　　　　C. 专业 　　　　D. 案卷

20. 卷内文件页号编写位置为单面书写的文件在（　　）。

A. 右上角 　　　B. 右下角 　　　C. 右上中 　　　D. 右下中

21. 卷内文件页号编写位置，双面书写的背面在（　　）。

A. 左上角 　　　B. 左下角 　　　C. 右上 　　　　D. 右下

22. 卷内目录中责任者填写文件的（　　）。

A. 立卷人 　　　B. 编制人 　　　C. 直接形成单位和个人 　　D. 形成单位

23. 竣工图卷内目录中的责任者为（　　）。

A. 施工单位 　　B. 设计单位 　　C. 建设单位 　　　D. 竣工图编制单位

24. 施工文件中原材料检测报告的责任者应为（　　）。

A. 建设单位 　　B. 设计单位 　　C. 检测单位 　　　D. 施工单位

25. 卷内目录中的日期填写文件形成的日期，若形成日期是某个阶段，则写（　　）。

A. 最早至最晚日期 　　　　　　　B. 最早日期

C. 最晚日期 　　　　　　　　　　D. 其中一个日期

26. 卷内目录中页次填写文件在卷内所排的（　　）。

A. 起始页号和结束页号 　　　　　B. 起始页号

C. 结束页号 　　　　　　　　　　D. 其中一个页号

27. 卷内目录中最后一份文件填写（　　）。

A. 起始页号和结束页号 　　　　　B. 起始页号

C. 结束页号 　　　　　　　　　　D. 其中一个页号

28. 工程档案档号应由分类号、项目号和（　　）组成。

A. 案卷号 　　　B. 大类号 　　　C. 小类号 　　　D. 工程号

29. 档号由档案（　　）填写。

A. 建设单位 　　B. 保管单位 　　C. 编制单位 　　　D. 立卷单位

30. 竣工图的编制单位通常是（　　）。

A. 建设单位 　　B. 保管单位 　　C. 施工单位 　　　D. 设计单位

31. 编制单位应填写案卷内文件的（　　）和主要责任者。

A. 形成单位 　　B. 保管单位 　　C. 施工单位 　　　D. 立卷单位

32. 文字案卷封面上的编制日期为（　　）。

A. 立卷日期　　　　　　　　　　　　B. 案卷内全部文件形成的起始日期

C. 案卷内全部文件形成的起止日期　　D. 案卷内全部文件形成的结束日期

33. 竣工图封面上的编制日期分别为本案卷（　　　）。

A. 立卷日期　　　　　　　　　　　　B. 竣工图章上的最早日期和最晚日期

C. 全部图纸图签内设计的起始日期　　D. 全部图纸形成的起始日期

34. 保管期限为短期，是指工程档案保存（　　　）。

A. 10 年以下　　B. 15 年以下　　C. 20 年以下　　　　D. 25 年以下

35. 案卷的脊背的内容包括档号、（　　　）。

A. 文件题名　　B. 编制单位　　C. 案卷题名　　D. 分类号

36. 一个案卷内如有不同密级的文件，本案卷的密级为（　　　）。

A. 本案卷文件中最高的密级　　B. 本案卷文件中最低的密级

C. 最高密级　　　　　　　　　D. 最低密级

37. 工程档案密级划分的责任单位是（　　　）。

A. 监理单位　　B. 编制单位　　C. 保管单位　　D. 建设单位

38. 卷内目录、卷内备考表、案卷内封面应采用（　　　）以上白色书写纸制作

A. 60g　　　　B. 70g　　　　C. 80g　　　　D. 90g

39. 竣工章应盖在图纸（　　　）。

A. 正面　　　　B. 反面　　　　C. 正面空白位置　　D. 图签上方空白位置

## 二、多项选择题

1. 工程文件组卷必须符合档案科学管理的基本要求，使其便于（　　　）。

A. 保管　　　　B. 保密　　　　C. 利用　　　　D. 装订　　　　E. 收集

2. 工程文件立卷的方法有（　　　）。

A. 按建设程序立卷　　　　　　B. 按时间立卷

C. 按专业立卷　　　　　　　　D. 按阶段立卷

E. 按分部工程立卷

3. 鉴别工程档案价值综合考虑的因素有（　　　）。

A. 造价因素　　B. 时间因素　　C. 功能因素　　D. 技术因素　　E. 内容因素

4. 立卷人应对案卷内容的检查主要包括文件的（　　　）。

A. 齐全性　　　B. 完整性　　　C. 原始性　　　D. 状态性　　　E. 及时性

5. 案卷的编目包括卷内文件的（　　　）案卷脊背的编制。

A. 页号　　　　　　　　　　　B. 案卷封面　　　　　　　　　C. 卷内目录

D. 移交目录　　　　　　　　　E. 卷内备考表

6. 工程档案卷内目录包括（　　　）等内容。

A. 文件题名　　B. 责任者　　　C. 日期　　　　D. 页次　　　　E. 保管期限

7. 案卷封面的内容应包括（　　　）等。

A. 案卷题名　　B. 责任者　　　C. 编制日期　　D. 档号　　　　E. 保管期限

8. 保管期限分为（　　　）。

A. 永久　　　　B. 长期　　　　C. 10 年　　　　D. 20 年　　　　E. 短期

9. 密级分为（　　）。

A. 绝密　　　　　B. 保密　　　　　C. 机密　　　　　D. 秘密　　　　　E. 无秘

10. 案卷在装订前必须剔除（　　）。

A. 订书针　　　　B. 金属物　　　　C. 塑料制品　　　　D. 棉线　　　　E. 回形针

11. 卷盒的外表尺寸为 310mm×220mm，厚度分别为（　　）mm。

A. 15　　　　　　B. 20　　　　　　C. 30　　　　　　D. 40　　　　　E. 50

## 三、判断题

1. 便于档案利用是立卷的根本性原则。（　　）

2. 施工单位负责向城建档案馆移交项目工程档案。（　　）

3. 立卷的工程文件应为原件。（　　）

4. 单位工程监理文件可按分部工程、专业、阶段等立卷。（　　）

5. 特殊载体的工程文件原则上应单独整理立卷。（　　）

6. 分卷就是考虑文件数量，将一个项目的文件分成二卷以上立卷。（　　）

7. 工程档案案卷编目是按照一定的规范要求，通过一定形式，呈现工程文件整理成果的工作。（　　）

8. 编制案卷内文件页号是将卷内工程文件的页面都编上号。（　　）

9. 成套的图纸和印刷成册的工程文件材料，自成一卷的，不必重新编写卷内目录和页号。（　　）

10. 案卷封面、卷内目录等案卷的其他构成成分也要编写页号。（　　）

11. 20 份土建隐蔽工程验收记录，不是同时间形成的，认定为 20 份文件。（　　）

12. 案卷题名中应包括的工程名称，即为单位工程的名称。（　　）

13. 同一案卷内有不同保管期限的文件，该案卷保管期限应从长。（　　）

14. 工程档案都必须装订。（　　）

15. 既有文字文件，又有图纸的案卷可以不装订。（　　）

# 第 8 章　工程文件的归档

## 一、单项选择题

1. 由建设单位采购的建筑材料、构配件和设备，建设单位应保证相关（　　）的完整、齐全、真实、有效。

A. 报验手续　　　B. 进场检测　　　C. 签证　　　　　D. 质量证明文件

2. （　　）负责组织、监督和检查勘察、设计、施工、监理等单位的工程文件的形成、收集和立卷归档工作。

A. 建设单位　　　B. 监理单位　　　C. 施工单位　　　D. 设计单位

3. 工程开工前，（　　）与当地城建档案馆签订《建设工程档案报送责任书》。

A. 建设单位　　　B. 监理单位　　　C. 施工单位　　　D. 设计单位

4. 按照住房和城乡建设部规定要求在工程竣工验收后（　　）内，建设单位应将一套符合规范、标准的工程档案（原件），移交给当地城建档案馆。

    A. 15 天        B. 二个月        C. 三个月        D. 四个月

    5. 监理文件的管理应由（    ）负责。

    A. 总监理工程师  B. 资料员        C. 技术负责人      D. 监理工程师

    6. 工程竣工验收后三个月内，城建档案馆对建设单位移交的工程档案进行（    ），合格后接收进馆。

    A. 指导          B. 检查         C. 预验收        D. 正式验收

    7. 城建档案馆接收工程档案进馆，应出具（    ）。

    A. 档案合格文件             B. 移交清单

    C.《建设工程档案接收证明书》    D. 档案认可文件

    8. 勘察单位在勘察任务完成后，将勘察文件按合同规定的时限要求向（    ）归档。

    A. 建设单位      B. 监理单位     C. 城建档案馆    D. 设计单位

    9. 施工单位在施工任务完成后，工程（    ）向建设单位归档。

    A. 竣工预验收前  B. 竣工预验收后  C. 竣工验收前    D. 竣工验收后

    10.（    ）工程文件的单位和相关责任人应对工程文件的真实性和有效性负责。

    A. 编制         B. 形成         C. 收集         D. 建设

    11.《建设工程文件归档整理规范》规定：工程档案一般不少于（    ）套。

    A. 一          B. 两          C. 三          D. 四

    12. 如果归档的工程文件原件只有一份，原则上应保存在（    ）。

    A. 建设单位      B. 监理单位     C. 城建档案馆    D. 设计单位

    13. 城建档案馆是国家（    ），是永久保存建设档案的基地。

    A. 专业档案馆  B. 部门档案馆  C. 综合档案馆  D. 行业档案馆

    14. 工程档案归档时，应编制（    ），办理归档手续。

    A. 案卷目录    B. 文件清单    C. 移交清单    D. 全引目录

## 二、多项选择题

    1. 建设单位在工程招标及与勘察、设计、监理、施工等单位签订合同或协议时，应对工程文件的（    ）等提出明确要求。

    A. 套数        B. 费用        C. 收集范围     D. 质量       E. 移交时间

    2. 城建档案馆负责对工程档案的编制、整理、归档工作进行（    ）。

    A. 代加工    B. 监督       C. 检查       D. 指导       E. 服务

    3. 工程文件的具体归档范围应达到（    ）。

    A. 符合《建设工程文件归档整理规范》要求

    B. 符合建设单位要求

    C. 符合当地城建档案馆的要求

    D. 符合《建筑工程施工质量验收统一标准》

    E. 符合本工程项目建设实际

    4. 归档文件必须是原件，是由原件的（    ）所要求的。

    A. 依据作用    B. 凭证作用    C. 不可再生性    D. 清晰性      E. 法律效力

5. 工程文件的归档要求包括（　　　）。

A. 归档文件应是工程建设活动的记录和反映　　　B. 归档文件通过预验收

C. 归档文件经过分类整理组成案卷　　　D. 归档文件必须是原件

E. 归档文件范围符合要求

6. 设计单位应把形成的（　　　）等文件进行分类整理。

A. 地质勘查报告　　　B. 初步设计　　　C. 技术设计

D. 图纸会审　　　E. 施工图设计

7. 按建设程序和工程特点，工程文件归档可以分为（　　　）。

A. 复杂工序完成后归档　　　B. 分阶段分期归档

C. 分部工程完成后归档　　　D. 分项工程完成后归档

E. 单位工程竣工后归档

8. 归档工程文件主要审查档案文件的（　　　）。

A. 系统　　　B. 完整　　　C. 准确　　　D. 案卷质量　　　E. 案卷目录

9. 归档文件审查组织有（　　　）审查等。

A. 施工单位　　　B. 文件形成单位　　　C. 建设单位

D. 立卷人　　　E. 委托监理单位

## 三、判断题

1. 建设单位主要进行工程准备阶段文件的分类和整理。（　　　）

2. 对一个建设工程而言，归档就是建设、勘察、设计、施工、监理等单位将本单位在工程建设过程中形成的文件向本单位档案管理部门移交。（　　　）

3. 如果归档的工程文件原件只有一份，原则上应保存在建设单位。（　　　）

4. 城建档案馆馆藏档案须是原件的原因之一是由于要向社会提供服务，要求档案能发挥凭证和依据作用。（　　　）

# 第9章　工程档案的验收与移交

## 一、单项选择题

1. 江苏省规定了工程项目报建时，建设单位要与所在地城建档案馆签订工程档案（　　　），以此形式进行登记。

A. 预验收单　　　B. 认可文件　　　C. 备案表　　　D. 报送责任书

2. 《江苏省建设工程档案报送责任书》规定，向城建档案馆报送的建设工程档案案卷质量应符合（　　　）。

A. 《建设工程文件归档整理规范》

B. 《市政基础设施工程技术文件管理规定》

C. 《江苏省城建档案案卷质量标准》

D. 《房屋建筑工程和市政基础设施工程竣工验收暂行规定》

3. 工程档案预验收程序的最后一个环节是（　　　）。

A. 限期整改　　　B. 申请竣工验收 C. 限期移交　　　D. 申请竣工档案验收

4. 工程档案预验收一般由（　　）主持。

A. 城建档案馆　　B. 建设单位　　C. 监理单位　　D. 施工单位

5. 工程档案预验收合格后，城建档案馆应出具工程档案认可文件，即（　　）。

A.《工程档案预验收书》　　　　　B.《工程档案预验收合格证书》

C.《工程档案预验收认可书》　　　D.《工程档案预验收备案书》

6. 建设行政主管部门在办理（　　）时，应当查验工程档案认可文件。

A. 竣工档案验收　　　　　　　　B. 工程竣工预验收

C. 施工许可证　　　　　　　　　D. 工程竣工验收备案

7. 一般工程档案验收工作通常采取建设单位自检和（　　）验收等二级验收。

A. 监理单位　　B. 接收单位　　C. 档案室　　D. 档案馆

8.（　　）是工程档案验收的必要标准，也是便于档案科学保管和查找利用的前提条件。

A. 组成符合要求的案卷　　　　　B. 档案认可文件

C. 文件的完整、准确、系统　　　D. 文件的原始性

9. 移交书是工程参建单位向（　　）移交相关工程档案时办理的一种移交手续。

A. 监理单位　　B. 接收单位　　C. 档案室　　D. 建设单位

10. 建设单位向城建档案馆移交工程档案，应办理移交手续，填写（　　）。

A. 移交清单　　B. 移交目录　　C. 案卷目录　　D. 移交书

11. 建设单位向城建档案馆报送工程档案，经验收合格城建档案馆向建设单位出具（　　）。

A. 移交书　　　　　　　　　　　B. 工程档案接收证明书

C. 工程档案移交目录　　　　　　D. 工程档案认可文件

## 二、多项选择题

1. 工程档案一般分为（　　）保管。

A. 市级城建档案管理机构　　　　B. 县级或区级城建档案管理机构

C. 建设单位　　　　　　　　　　D. 施工单位

E. 监理单位

2. 城建档案馆进馆工程档案进行登记，主要内容包括工程项目（　　）等有关规定要求。

A. 名称　　B. 开工时间　　C. 竣工时间　　D. 地点　　E. 规模

3. 组织工程档案预验收的法规依据有（　　）。

A.《建设工程质量管理条例》　　　　　　B.《城市建设档案管理办法》

C.《市政基础设施工程技术文件管理规定》　　D.《江苏省工程建设管理条例》

E.《江苏省城建档案管理办法》

4. 工程档案预验收实施的技术依据有（　　）。

A. 招投标文件

B.《建设工程文件归档整理规范》

C. 《编制基本建设工程竣工图的几项暂行规定》

D. 《江苏省城建档案馆业务工作规程》

E. 《建筑工程资料管理规程》

5. 工程文件构成（　　）是建立工程档案的基本要求，也是工程档案预验收的首项内容和基本要求。

A. 齐全　　　　　　B. 系统　　　　　　C. 清晰　　　　　　D. 备案　　　　　E. 完整

6. 工程档案预验收，核查工程文件内容的真实性，应重点检查（　　）。

A. 是否该签字的都是签字

B. 是否是在工程建设过程中形成的文件

C. 是否是该工程建设活动真正产生的文件

D. 是否该提供原件的文件都提供了

E. 是否该盖章的都盖章

7. 工程档案预验收检查内容包含（　　）等。

A. 工程文件构成完整　　　　　　B. 编制竣工图达标工程

C. 文件形式规范　　　　　　　　D. 工程文件材质合格

E. 案卷编制达标

8. 工程文件形式规范，包括（　　）。

A. 工程文件构成完整　　　　　　B. 文件的形成符合要求

C. 文件的来源符合实际　　　　　D. 工程文件的手续完备

E. 工程文件材质合格

9. 工程文件的形成符合要求，包括（　　）。

A. 形成程序规范　　　　　　　　B. 形成责任明确

C. 形成单位合法　　　　　　　　D. 形成材质合格

E. 形成结果原始

10. 工程档案验收的内容包括（　　）的验收。

A. 新形成文件质量的审查　　　　B. 预验收指出问题的整改复查

C. 全面检查文件的来源　　　　　D. 全面检查竣工图的编制

E. 全部案卷完成

11. 对达不到验收标准的工程档案退回建设单位，由建设单位责令（　　），按照验收意见进行改正，并再次检查直至认可达到接收标准。

A. 形成单位　　　　　　　B. 施工单位　　　　　　　C. 监理单位

D. 设计单位　　　　　　　E. 整理立卷单位

12. 凡预验收检查通过的案卷，正式验收时检查重点是（　　），并可抽查。

A. 签字　　　　B. 盖章　　　　C. 纸张材质　　　　D. 编目　　　　E. 装订

13. 移交清单内容包括（　　）等。

A. 序号　　　　B. 案卷题名　　　　C. 档案数量　　　　D. 编制说明　　　　E. 案卷目录

14. 工程档案接收证明书内容有：（　　）。

A. 施工许可证号　　　　　　　　B. 工程基本情况

C. 报送工程档案情况　　　　　　D. 报送单位签字盖章

E. 接收单位签字盖章

## 三、判断题

1. 属于城建档案馆（室）接收的范围内的，又是在本地报建的工程项目才列入城建档案馆（室）工程档案预验收范围。　　　　　　　　　　　　　　（　　）

2. 工程档案预验收时建设单位提交的工程档案应要求编号、装订。　　（　　）

3. 工程档案预验收阶段对工程文件整理立卷，不要求检查案卷保管期限及密级的划分。　　　　　　　　　　　　　　　　　　　　　　　　　　（　　）

4. 工程档案预验收时建设单位须提交一套工程档案供检查验收，已形成积累的工程文件不需要整理。　　　　　　　　　　　　　　　　　　　　　（　　）

5. 对于小于 A4 幅面的文件或图纸，采用统一纸张衬托。　　　　　　（　　）

6. 工程档案预验收工作的终结文件是《工程档案预验收备案书》。　　（　　）

7. 重点工程项目档案可采取建设单位自检和联合验收。　　　　　　　（　　）

8. 工程档案验收的标准就是工程文件的完整、准确、系统。　　　　　（　　）

9. 建筑物、构筑物产权转让时，原产权拥有者应当同时移交相应的工程档案。

　　　　　　　　　　　　　　　　　　　　　　　　　　　　　　　（　　）

10. 工程档案接收证明书是房产管理部门审核颁发房屋权属证书的条件之一。（　　）

# 案例分析题（不分章节）

1. 某高层住宅楼建设工程，地下 1 层、地上 19 层，总建筑面积为 41000 平方米，由市第一建筑工程有限公司（国家特级资质）总承包，建顺建设监理公司（国家甲级资质）监理，2004 年 5 月 8 日开工。根据工程施工承包合同约定，防水工程（按照施工设计防水材料地下室外墙采用聚氨酯涂料；屋面采用 SBS 卷材）由施工单位分包给专业防水公司施工，并签订总分包协议。在施工中，发生如下事件：

事件一，防水施工单位进场施工前，总包单位资料员报给该项目监理部如下资料：防水施工企业营业执照及资质等级证书复印件；防水工程开工报告；防水工程施工单位项目部主要成员一览表及项目经理资格证书的复印件。监理工程师认为资料不全，不允许防水工程施工。

事件二，防水材料进场后，总包单位资料员报给该项目监理部防水材料进场使用报验单，并附有防水材料（聚氨酯涂料和 SBS 卷材）的清单、出厂合格证。监理工程师按规定对其进行现场取样、封样，并送具有资质的检测机构复试。复试结果 SBS 卷材不合格。

问题一：对于事件一，你作为总承包单位资料员，认为还缺少哪些资料？为什么？

① 缺少（　　）资料。

A. 防水施工企业安全生产许可证复印件

B. 施工项目经理的《建筑施工企业项目负责人安全生产考核合格证书》

C. 防水工程技术交底

D. 防水工程施工方案

E. 防水工程施工人员名单

② 理由是（　　）

A. 开工条件不完备

B. 《建设工程安全生产管理条例》规定的

C. 技术规范要求的

D. 省建设行政主管部门规定的

问题二：对于事件二，你作为总承包单位资料员，对防水材料进场使用报验单的附件内容是否认为齐全？如果不全，那么还缺少什么内容？对复试结果不合格的 SBS 卷材，作为资料员要做什么工作？

③ 文件材料是否齐（　　）。（判断）

A. 齐全　　　　　　B. 基本齐全　　C. 不齐全

④ 如果不齐全主要缺（　　）。

A. 进场材料的质量证明文件　　　　B. 试验报告

C. 进场材料的检测报告　　　　　　D. 检查记录

E. 检测人员名单

⑤ 资料员要做（　　）的工作。

A. 待重新采购的 SBS 卷材进场时，重新申报进场使用报验单

B. 待重新采购的 SBS 卷材进场时，检查材料质量证明文件

C. 待重新采购的 SBS 卷材进场时，按规定要求，重新组织试验

D. 对进场材料使用报验单的附件内容，应按规定要求，仔细核对检查

2. 某市新建一条贯穿城市东西，宽 40 米的主干道，跨穿京沪铁路、大运河，穿越京沪高速公路。该建设工程项目由具有一级资质的某市市政建设工程总公司中标承建，该市的市政建设监理有限公司负责监理。

问题一：市政基础设施工程产生的施工文件有多少方面？请例举不少于 4 个方面的内容。

① 施工文件有（　　）方面。

A. 10　　　　　　　B. 9　　　　　　C. 11　　　　　　　D. 12

② 例举不少于 4 个方面的内容（　　）。

A. 设计变更洽商记录　　　　　　B. 竣工图

C. 功能性试验记录　　　　　　　D. 竣工测量资料

E. 室外环境工程施工记录

问题二：根据所给背景资料，施工单位形成的、应当归档保存的工程竣工图至少有几种？并请具体说明。

③ 保存的竣工图有（　　）种。

A. 6　　　　　　　　B. 4　　　　　　C. 5　　　　　　　D. 3

④ 具体说明不少于 4 种竣工图的名称（　　）。

A. 道路工程　　B. 涵洞工程　　C. 隧道工程　　D. 桥梁工程　　E. 排水工程

F. 供水、供气、电力、电讯等地下管线工程

⑤ 城市桥梁工程竣工图包括（　　）

A. 隧道　　　　　B. 普通桥梁　　C. 立交桥　　　　D. 人行过街桥　　E. 管道桥

3. 某市华联商场建设工程于 2005 年 3 月竣工，总建筑面积 15800 平方米，框架结构，共六层（其中地下一层）。由该市第二建筑工程有限公司（一级资质）承建，东方监理公司（甲级）监理。

问题一：工程监理月报基本内容一般包括哪些方面？

① 工程监理月报基本内容包括（　　）的方面。

A. 9　　　　　　　B. 8　　　　　　　C. 7　　　　　　　D. 6

问题二：工程监理资料的管理要求有哪些方面？

② 工程监理资料的管理要求是（　　）。

A. 经理负责　　B. 及时整理　　C. 分类有序　　D. 真实完整　　E. 定时移交

问题三：监理工作总结一般应包括哪几个方面的内容？

③ 监理工作总结一般应包括（　　）的方面。

A. 5　　　　　　　B. 6　　　　　　　C. 7　　　　　　　D. 8

问题四：工程进度表反映工程进展，应由谁负责填写？

④ 工程进度表由（　　）填写。

A. 监理单位　　B. 施工单位　　C. 建设单位　　D. 工程质量监督部门

问题五：监理例会一般形成例会纪要，纪要最终由谁审阅并认定？

⑤ 监理例会纪要由（　　）审阅。

A. 监理单位技术负责人　　　　　　B. 监理工程师

C. 总监理工程师　　　　　　　　　D. 监理项目负责人

4. 某市幸福小区小高层住宅楼如期完工，总监理工程师组织施工单位对工程实体进行预验收，认为基本达到竣工验收条件。为此向建设单位提出竣工申请。建设单位在组织竣工验收前通知了市质监站后，发生如下事件：

事件一，市质监站提出该工程没有市城建档案馆出具的工程档案验收认可文件，不得组织工程竣工验收。

事件二，检查施工档案资料发现部分资料存在签字代签、漏签现象；还有些资料既需要签字又需要盖章的图表存在只有盖章没有签字或只有签字没有盖章的现象。

事件三，建设单位要求参建单位将形成的档案资料直接报送城建档案馆。

问题一：市质监站提出的意见是否 A？依据是什么？

① 质监站提出的意见是否正确（　　）。（判断）

A. 正确　　　　　　B. 不正确

② 依据是（　　）。

A. 《江苏省城建档案管理办法》　　B. 建设部《城市建设档案管理规定》

C. 国务院《建设工程质量管理条例》　D. 《建设工程文件归档整理规范》

问题二：施工资料签证有何要求？

③ 施工资料签证要求是（　　）。

A. 手签　　　　B. 不错签　　　　C. 不代签　　　　D. 不漏签　　　　E. 打印

问题三：建设单位的要求是否 A？为什么？

④ 建设单位要求是否正确和符合规定。（　　）（判断）

A. 正确　　　　　　B. 不正确

⑤ 理由是（　　）。

A. 《城市建设档案管理办法》规定　　B. 《建设工程文件归档整规范》要求

C. 省建设主管部门通知　　D. 《江苏省城建档案管理办法》规定

E. 城建档案馆通知

5. 某市化工厂实验大楼主体封顶，市质监站和城建档案馆在现场进行技术（业务）指导，建设单位提出如下问题：

问题一：建设单位认为监理单位应负责整个工程项目的全部工程文件与档案整理立卷工作。你认为对吗？

① 建设单位的要求是否正确（　　）。

A. 正确　　B. 不正确

问题二：向城建档案馆（室）报送的工程档案为什么要是原件？

② 向城建档案馆报送工程档案为什么要是原件：（　　）

A. 由城建档案馆性质决定　　　　　　B. 由工程档案属性决定

C. 《建设工程文件归档整理规范》要求　　D. 由工程档案作用决定

E. 由工程档案定义决定

问题三：建设工程档案报送接收的基本要求有哪些？

③ 工程档案报送接收要求有（　　）。

A. 归档文件必须完整、准确、系统

B. 归档文件能够反映工程建设活动的全过程

C. 归档的文件必须经过分类整理

D. 归档的文件应组成符合要求的案卷

E. 案卷卷内目录须打印

问题四：工程文件有很强专业性，其收集汇集有什么方法？

④ 工程文件有很强专业性，可按（　　）收集、汇总工程文件。

A. 专业　　　　B. 系统　　　　C. 程序　　　　D. 阶段

问题五：单位工程竣工图组卷有什么方法？

⑤ 竣工图主要按（　　）组卷。

A. 分项工程　　　B. 阶段　　　C. 程序　　　　D. 专业

6. 某市某公司办公大楼即将竣工，城建档案馆在现场进行检查和业务指导，建设单位提出如下问题：

问题一：建设单位认为施工单位应负责全部工程文件的整理立卷工作，你认为对吗？

① 下列说法对的是（　　）。

A. 施工单位应负责全部工程文件的整理立卷工作

B. 监理单位应负责全部工程文件的整理立卷工作

C. 建设单位应负责全部工程文件的整理立卷工作

D. 文件形成单位应负责本单位形成的工程文件的整理立卷工作

E. 建设单位负责向城建档案馆移交项目工程档案

② 工程准备阶段文件中的工程地质勘查报告的立卷单位应为（　　）。

A. 建设单位　　B. 设计单位　　C. 勘测单位　　　D. 施工单位

问题二：建设单位认为工程档案属本公司所有，原件应由建设单位保管，不应向城建档案馆移交。

③ 向城建档案馆报送竣工档案须原件的原因是（　　　）。

A. 城建档案馆是国家专业档案馆，是永久保存建设档案的基地

B. 城建档案馆有符合国家规范要求的专门馆房，原件在城建档案馆能得到科学的保管

C. 城建档案馆馆藏档案，面向社会提供服务，只有原件才能发挥凭证和依据作用

D. 《建设工程文件归档整理规范》要求

E. 建设单位没有永久保存建设档案的能力

问题三：建设单位认为只要工程竣工后工程档案能够归档移交，建设过程中工程文件的积累和收集就不重要。

④ 文件的积累和收集直接关系到工程文件的数量和质量，关系到工程档案的保存价值和有效利用。工程文件的积累和收集要求有（　　　）。

A. 文件收集的成套性　　　　　　　B. 文件数量的完整性

C. 文件积累的针对性　　　　　　　D. 文件内容的真实性

E. 文件收集的及时性

⑤ 如何确定文件的积累和收集的范围（　　　）。

A. 遵循完整性、成套性、目的性和价值性等原则

B. 参照《建设工程文件归档整理规范》

C. 参照《建设工程文件归档范围和保管期限表》

D. 结合工程实际

E. 工程建设中形成所有文件都应积累和收集

7. 某市某住宅小区 1～20 号楼竣工，开发商向城建档案馆提出工程档案预验收申请。城建档案馆业务人员现场审核工程文件，发现如下问题：

问题一：建设单位只提供了该小区所属 20 幢住宅楼的工程文件和图纸，还缺少哪些工程文件？

① 建设单位认为该住宅工程项目就只包含 20 个单位工程，所以只需提供 20 个单位工程的工程文件和图纸。你认为对吗？（　　　）

A. 对

B. 错，还应提供小区室外工程文件

C. 错，还应提供小区室外工程文件和图纸

D. 错，还应提供小区室外工程图纸

② 工程档案预验收时，应提供（　　　）文件？

A. 工程准备阶段文件　　　　　B. 监理文件　　　　　C. 施工文件

D. 竣工验收文件　　　　　　　E. 竣工图

问题二：施工单位没有将工程文件整理立卷，认为这不是他们的工作范畴。

③ 施工单位应该负责（　　　）的整理立卷工作。

A. 所有工程文件　　　　　　　B. 施工文件

C. 施工文件、竣工图　　　　　D. 施工文件、竣工图及监理文件

④ 施工文件应该首先选择的立卷方式是（　　　）。

A. 按单位工程　　　B. 按分部工程　　C. 按专业　　　　　D. 按阶段

⑤ 工程准备阶段文件应如何立卷和排列？（　　　）

A. 本住宅小区由多个单位工程组成，工程准备阶段文件可不按单位工程组卷

B. 工程准备阶段文件必须每个单位工程档案中都有

C. 本项目工程准备阶段文件可放在1#住宅楼

D. 工程准备阶段文件通常可放在第一个竣工的单位工程

E. 工程档案预验收时，案卷须编号、装订

8. 某学校整体搬迁，开学在即，所有工程即将结束，各参建单位档案员在抓紧整理工程文件，工程档案预验收准备过程中，遇到一些问题，特向城建档案馆业务人员咨询。

问题一：工程文件中要求盖章的，是不是一律可使用工程项目章？要求签字的，是不是可以用计算机打印？

① 编制工程文件中，关于签章要求说法A的是（　　　）。

A. 工程文件可一律使用工程项目章

B. 工程文件中要求盖公章的文件一定要使用单位公章

C. 开工报告需要盖单位公章

D. 签字不得漏签、代签

E. 要求签字的必须手签

问题二：工程图纸是不是需要折叠？应该如何A的加盖竣工章？

② 关于工程图纸的归档、编制，说法A的是（　　　）。

A. 工程图纸折叠后幅面尺寸应以4号图为标准

B. 折叠后的图纸，图签及竣工图章应露在外面

C. 工程图纸必须编页号

D. 工程图纸可不用封面、卷内目录及备考表

E. 归档的工程图纸可使用计算机出图的复印件

③ 关于竣工图章的问题，说法A的是（　　　）。

A. 竣工图章应使用统一格式

B. 竣工图章盖在图纸正面的任意位置

C. 竣工图章盖在图纸图标栏上方空白处

D. 竣工图章使用不易褪色蓝印泥

E. 竣工图章使用不易褪色红印泥

问题三：建设单位要求监理单位组织工程档案预验收，对吗？没有进行工程档案预验收，可以组织竣工验收吗？

④ 建设单位要求监理单位组织档案预验收是否正确？（　　　）（判断）

A. 正确　　　　　B. 不正确

⑤ 关于工程档案预验收以下说法A的是（　　　）。

A. 工程档案预验收的第一个环节是提请预验收

B. 城建档案馆、监理单位、施工单位和其他参与工程档案编制单位人员参加预验收

C. 城建档案馆对预验收基本合格的工程档案予以认可，出具工程档案认可文件

D. 城建档案馆出具的《工程档案预验收合格证》，是预验收工作的终结文件

E. 建设单位未取得《工程档案预验收意见书》，可以组织工程竣工验收

9. 某住宅小区建设 18 幢高层住宅，虽然有总包单位，但是有很多施工内容不在总包范围内，由建设单位直接招标。竣工验收后，建设单位向城建档案馆提出要及时移交。工程档案在归档移交过程中，出现以下问题：

问题一：建设单位要求各参建单位将工程档案直接向城建档案馆移交。

① 关于工程档案归档移交的问题，下列说法正确的是（　　）。

A. 各参建单位应将所有工程档案向总包单位移交

B. 各分包单位将形成的工程文件整理立卷后向总包单位移交

C. 总包范围外的各承包单位将形成的工程文件整理立卷后向城建档案馆移交

D. 监理单位将形成的工程文件整理立卷后向建设单位移交

E. 建设单位负责收集和汇总勘察、设计、施工、监理等单位立卷归档的工程文件

问题二：建设单位认为工程档案已经通过预验收，可以直接向城建档案馆移交，不需要再次审查验收。

② 工程档案专项验收分为（　　）。

A. 综合验收　　　B. 验收　　　C. 竣工验收　　　D. 竣工备案　　　E. 预验收

③ 工程档案验收的重点审查内容包括（　　）。

A. 工程竣工验收文件质量的审查　　B. 竣工备案文件质量的审查

C. 工程准备阶段文件的审查　　　　D. 预验收指出问题的复查

E. 案卷编目和装订的检查

问题三：需要归档移交的档案案卷没有划分保管期限和密级。建设单位认为该项工作应该是档案馆的工作内容。

④ 工程档案密级划分的责任单位是（　　）。

A. 立卷单位　　　B. 形成单位　　　C. 城建档案馆　　　D. 建设单位

⑤ 案卷保管期限划分的责任单位为（　　）。

A. 立卷单位　　　　　　　　B. 形成单位　　　　　　　　C. 施工单位

D. 建设单位　　　　　　　　E. 城建档案馆

10. 某市新建一条快速路，是城市内环线的一部分，采用地面和高架相结合的形式。项目共分为六个施工标段，一个监理标段。现所有施工标段工程已完工，工程档案也都基本编制完成。城建档案馆业务人员在对该工程项目的竣工档案编制的检查中，发现如下问题：

问题一：各施工标段中大多包含地面道路、地面桥梁和高架道路，地面道路还包含各类地下管线，但是施工单位整理工程文件时，没有按单位（子单位）工程立卷，地面道路、各类地下管线、地面桥梁和高架桥的工程文件没有分开整理。

① 现行的有关市政工程档案的业务标准有（　　）。

A.《建设工程文件归档整理规范》

B.《城镇道路工程施工与质量验收规范》

C.《建筑工程施工质量验收统一标准》

D.《城市桥梁工程施工与质量验收规范》

E.《给水排水管道工程施工及验收规范》

② 各施工标段中可能包含的单位工程有（　　）。

A. 道路　　　　B. 高架桥　　　　C. 桥梁　　　　D. 隧道　　　　E. 排水

问题二：案卷的编目还存在一些问题：案卷题名拟写不准确、页号编制不 A、档案馆代号及档号的填写有错等。

③ 下列案卷题名 A 的是（　　）。

A. ××快速路道路工程验收记录

B. ××快速路一标段排水工程验收记录

C. ××快速路一标段道路工程基础分部检验批验收记录

D. ××快速路一标段道路工程验收记录

E. ××快速路一标段排水工程竣工图

④ 档号、档案馆代号由（　　　　）填写。

A. 建设单位　　　B. 施工单位　　　C. 形成单位　　　D. 保管单位

⑤ 如果一张 A4 纸上粘贴了 4 张合格证，则该页面应该给（　　）个页号。

A. 1　　　　　　B. 2　　　　　　C. 3　　　　　　D. 4

11. 某市新建地铁工程，地铁公司对工程档案非常重视，开工前就与城建档案馆联系，咨询工程档案的归档事宜，确定归档内容、归档时间等。城建档案馆业务人员在工程建设过程中，也多次去施工现场指导和服务。由于地铁工程涉及专业多，建设周期长，在工程建设及归档过程中，发现如下问题：

问题一：各施工、监理单位，资料员流动性大，没有明确专人负责工程文件的收集、积累工作，缺乏工程文件收集的基本规章制度。

① 关于工程文件收集的基本制度有（　　）。

A.《工程文件收集规定》　　　　　　B.《工程文件移交规定》

C.《工程文件收集监督检查规定》　　D.《工程文件归档整理规范》

E.《档案室岗位责任制》

② 各形成单位收集汇总的工程文件应做好移交工作，移交工作的最后一个层次是（　　）。

A. 建设单位实行总承包的，各分包单位将形成的工程文件收集汇总后向总包单位移交

B. 建设单位应在规定的时间内向城市建设档案馆（室）移交一套符合规范的工程档案

C. 勘察、设计单位应在任务完成后，将形成的勘察、设计文件收集、整理、立卷后向建设单位移交

D. 施工、监理单位在工程竣工验收前，将形成的施工、监理文件收集、整理、立卷后向建设单位移交

问题二：由于地铁工程涉及专业多，建设周期长，你认为该项目归档如何选择恰当的时间？

③ 按地铁工程项目的建设程序和工程特点，合适的归档时间为（　　）。

A. 分阶段　　　　　　　　　　B. 分专业

C. 分部分项工程完成后　　　　　D. 单位工程所有专业完成后

E. 工程项目竣工后

问题三：城建档案馆接收竣工档案后，给出某一案卷的档案号为：F42-11-50，请回答下列问题。

④ F42-11-50 中，属类号为（　　　）。

A. 4　　　　　　B. 2　　　　　　C. 42　　　　　　D. 11

⑤ F42-11-50 中，11 的含义为（　　　）。

A. 属类号　　　　B. 小类号　　　　C. 单位工程号　　D. 案卷号

12. 某单位办公楼 2010 年 4 月 28 日竣工验收并投入使用，至 2011 年 5 月 28 日还未向城建档案馆报送该工程竣工档案。

问：① 城建档案管理机构是否可以催交？（　　　）（判断）

A. 可　　　　　　B. 否

② 依据《江苏省城建档案管理办法》哪一条款规定作催交依据？（　　　）

A. 第二条　　　　　　　　B. 第九条第一款　　　　　　C. 第十四条

D. 第十八条　　　　　　　E. 第十二条

③ 催交后仍拒不报送的，由（　　　）进行行政执法？

A. 档案行政主管部门　　　　　　B. 建设行政主管部门

C. 纪检部门　　　　　　　　　　D. 城建档案馆

④ 不按规定移交工程档案，依据《建设工程质量管理条例》哪一款规定进行处罚？（　　　）

A. 第十六条　　B. 第四十三条　　C. 第五十六条　　D. 第五十九条

⑤ 按照《城市建设档案管理规定》，建设单位应当在工程竣工后（　　　）内，向城建档案馆报送一套符合规定的建设工程档案。

A. 一年　　　　　B. 六个月　　　　C. 三个月　　　　D. 一个月

13. 某单位内部改造重新装修综合楼，该单位档案室工作人员听到此消息后，即将综合办公楼档案销毁，单位给予记大过处分，并罚款五百元。

问：① 该档案工作人员能否将档案销毁？（　　　）

A. 能　　　　　　B. 否

② 单位是否可以记大过处分？（　　　）

A. 可以　　　　　B. 不可以

③ 单位是否有罚款的权限？（　　　）

A. 有　　　　　　B. 没有

④ 如果要处以罚款，法规依据是（　　　）。

A. 中华人民共和国档案法实施办法　　B. 江苏省档案管理条例

C. 江苏省工程建设管理条例　　　　　D. 江苏省城建档案管理办法

⑤ 关于该工程新产生的工程档案与原工程档案以下处理方法正确的是（　　　）

A. 对原工程档案据实修改、补充

B. 新产生的工程档案由档案室保管

C. 新产生的工程档案与原工程档案一并由档案室保管，新档案排在原档案后

D. 只对原工程档案修改，新工程档案可不保存

E. 保管新工程档案，销毁原工程档案

14. 某市电信大楼主体即将封顶，市城建档案馆参加建设单位召开的有关建设咨询会，会上建设单位提出应该由监理单位负责工程项目的全部工程文件与档案整理立卷工作。

问：① 你认为建设单位的要求对吗？（判断）（　　　）

A. 对　　　　　　B. 不对

② 按规定要求应由（　　）收集和汇总勘察、设计、施工、监理等单位立卷归档的工程档案。

A. 设计单位　　　B. 施工单位　　　C. 监理单位　　　D. 建设单位

③ 工程竣工验收后，应由（　　）按规定要求及时向城建档案馆（室）移交建设工程档案。

A. 设计单位　　　B. 施工单位　　　C. 监理单位　　　D. 建设单位

④ 监理单位应负责（　　）的立卷归档和移交工作。

A. 工程文件　　　B. 施工文件　　　C. 监理文件　　　D. 竣工文件

⑤ 工程建设中监理文件及档案管理应由（　　）总负责。

A. 总监理工程师　B. 监理工程师　　C. 监理资料员　　D. 监理部经理

15. 某市影城小区住宅楼如期完工，总监理工程师组织施工单位对工程实体进行预验收，认为基本达到竣工验收条件。为此向建设单位提出竣工验收申请，建设单位在组织竣工验收前通知了市质监站后，发生如下事件：

事件一：市质监站提出该工程没有市城建档案馆出具的工程档案验收认可文件，不得组织工程竣工验收。

事件二：建设单位要求参建单位将形成的档案资料直接报送城建档案馆。

问：① 质监站提出的意见是否正确？（判断）（　　　）

A. 正确　　　　　　B. 不正确

② 依据是（　　）。

A.《江苏省城建档案管理办法》　　　B. 建设部《城市建设档案管理规定》

C. 国务院《建设工程质量管理条例》D.《建设工程文件归档整理规范》

③ 建设单位的要求是否符合规定？（判断）（　　　）

A. 符合　　　　　　B. 不符合

④ 上题的判断依据是（　　）。

A.《城市建设档案管理规定》　　　　B.《建设工程文件归档整理规范》

C. 省建设主管部门有关通知　　　　D.《江苏省城建档案管理办法》

E. 地方城建档案规定

⑤（　　）应当在工程竣工验收后（　　）月内，向城建档案馆报送一套符合规定的建设工程档案。

A. 建设单位　　　B. 施工单位　　　C. 监理单位　　　D. 3个月　　　E. 10个月

16. 某建设单位聘请与本工程无关的单位编制竣工图，竣工图采用计算机出图，在计算机出图的复印件上又冒名在竣工图章内签署了原监理单位总监、现场监理和施工单位技

术负责人、编制人的名字，并以此竣工图在有关部门办理了竣工备案手续。针对此案例，请回答下列问题：

问：① 你认为建设单位的行为是否在正确？（判断）（　　）

A. 正确　　　　　B. 不正确

② 如果不 A，你认为建设单位的 B 有哪些？（　　）

A. 聘请与本工程无关的单位编制竣工图

B. 冒名在竣工图章内签署了原监理单位总监、现场监理和施工单位技术负责人、编制人的名字

C. 以此竣工图在有关部门办理了竣工备案有关手续

D. 编制工程竣工图

③ 有关部门认为该建设单位的行为属于伪造档案，其判断依据是（　　）。

A. 《中华人民共和国档案法》第二十四条

B. 《江苏省档案管理条例》第二十九条

C. 《城市建设档案管理规定》第十三条

D. 《江苏省城建档案管理办法》第三十二条

④ 如果要改正，应如何进行处理？（　　）

A. 工程竣工图由设计单位编制

B. 工程竣工图由施工单位编制

C. 工程竣工图由建设单位编制

D. 在计算机出图的原件上加盖竣工图章，并在竣工图章内由原监理单位总监、现场监理和施工单位技术负责人、编制人等各相关责任人签署各自的名字

E. 在计算机出图的原件上加盖竣工图章，可冒名在竣工图章内签署了原监理单位总监、现场监理和施工单位技术负责人、编制人的名字

⑤ 竣工图一般应由（　　）负责编制。

A. 建设单位　　　B. 施工单位　　　C. 监理单位　　　　D. 设计单位

17. 某工程项目是一项住宅小区工程，建设单位是某开发公司，工程实行施工监理制，工期一年，施工单位四个，监理单位一个。

问：① 在工程文件与档案的整理立卷、验收移交工作中，以下哪些是该开发公司应履行的职责？（　　）

A. 在工程招标及勘察、设计、施工、监理等单位签订协议、合同时，对工程文件的套数、费用、质量、移交时间等提出明确要求

B. 收集和整理工程形成的全部文件，并进行立卷归档

C. 收集和汇总勘察、设计、施工、监理等单位立卷归档的工程档案

D. 在组织竣工验收前，提请当地城建档案管理机构对工程档案进行预验收

E. 对列入城建档案馆（室）接收范围的工程，在工程竣工验收后 3 个月内，向当地城建档案馆（室）移交一套符合规定的工程档案

② 施工、监理单位在工程文件的形成和积累过程中的主要职责是（　　）。

A. 无职责，工程文件的形成和积累由建设单位承担

B. 无职责，工程文件的形成和积累由设计单位承担

C. 将本单位形成的工程文件立卷后向建设单位移交

D. 将本单位形成的工程文件立卷后直接向当地城建档案馆（室）移交

③ 当地城建档案管理机构应对工程文件的立卷归档工作进行（　　）。

A. 监督　　　　　B. 检查　　　　　C. 指导　　　　　D. 服务　　　　　E. 代整理

④ 当地城建档案管理机构在工程竣工验收前，应对工程档案进行（　　），合格后，须出具（　　）。

A. 验收　　　　　　　　　　　　B. 预验收

C. 工程档案接收证明　　　　　　D. 工程档案认可文件

⑤ 监理单位应负责（　　）的整理立卷归档工作。

A. 工程文件　　　B. 施工文件　　　C. 竣工验收文件　　D. 监理文件

18. 某开发公司开发一个住宅小区项目，在工程开工前应按规定做好相关准备工作。

问：① 该开发公司在项目开工建设前，是否需要到当地城建档案管理机构报建并进行登记？（判断）（　　）

A. 是　　　　　　　B. 否

② 依据是：（　　）

A. 国务院《建设工程质量管理条例》B. 建设部《城市建设档案管理规定》

C.《江苏省档案管理条例》　　　D.《江苏省城建档案管理办法》

③ 开工前须申领（　　）证

A. 工程规划　　　B. 施工许可　　　C. 工程建设　　　D. 施工开工

④ 上述手续应在（　　）管理部门办理

A. 规划　　　　　B. 土地　　　　　C. 房管　　　　　D. 建设

⑤ 建设单位与城建档案馆签订工程档案报送责任书，是实行（　　）制度

A. 登记　　　　　B. 报建　　　　　C. 审核　　　　　D. 告知　　　　　E. 服务

19. 某工程是一项住宅小区工程，建设单位是某开发公司。该工程竣工验收前，该开发公司提请市城建档案馆对该工程档案进行预验收。由于在检查的工程档案中，地下管线工程档案只有一份由该投资公司技术人员在工程竣工后绘制的地下管线示意图，工程档案预验收未获通过。

问：① 你认为城建档案馆不通过该项工程档案预验收是否正确？（　　）（判断）

A. 正确　　　　　　B. 不正确

② 依据是：（　　）

A.《江苏省城建档案管理办法》　　　　B. 建设部《城市建设档案管理规定》

C. 国务院《建设工程质量管理条例》　　D.《建设工程文件归档整理规范》

E.《城市地下管线工程档案管理办法》

③ 你认为该开发公司对地下管线竣工图处理方式是否正确？（　　）（判断）

A. 正确　　　　　　B. 不正确

④ 如果不 A，对于该工程的地下管线竣工图等地下管线竣工测量成果，该开发公司应如何处理才是 A 的？（　　）

A. 地下管线工程覆土前，委托技术力量强的工程测量单位，按照《城市地下管线探测技术规程》（CJJ 61）进行竣工测量，形成竣工测量数据文件和管线工程测量图

B. 地下管线工程覆土前，委托具有相应资质的工程测量单位，按照《城市地下管线探测技术规程》（CJJ 61）进行竣工测量，形成准确的竣工测量数据文件和管线工程测量图

C. 地下管线工程竣工后，委托技术力量强的测绘单位进行探测，形成竣工测量数据文件和管线工程测量图

D. 地下管线工程竣工后，委托具有相应资质的工程测量单位进行探测，形成竣工测量数据文件和管线工程测量图

⑤ 该开发公司在竣工验收备案前，除了向城建档案馆报送上述地下管线竣工测量成果，还应移交该地下管线工程的（　　　　）。

A. 项目准备阶段文件　　　　　　　　B. 监理文件和施工文件

C. 质监站的检查文件　　　　　　　　D. 竣工文件和竣工图

E. 其他应当归档的文件资料（电子文件、工程照片、录像等）

20. 某市阳光花园小区如期完工，建设单位在组织竣工验收前，要求各参建单位将形成的档案直接报送市城建档案馆，提请市城建档案馆对工程档案进行验收。

问：① 建设单位的要求是否 A？（判断）（　　　　）

A. 正确　　　　　　B. 不正确

② 该工程文件的形成积累和立卷归档工作应由（　　　　）负责组织监督和检查。

A. 建设单位　　　B. 监理单位　　　C. 勘察单位　　　D. 设计单位　　　E. 施工单位

③ 该工程组织竣工验收前，应由（　　　　）提请市城建档案馆对工程档案进行（　　　　）。

A. 施工单位　　　B. 监理单位　　　C. 建设单位　　　D. 预验收　　　E. 验收

④（　　　　）应当在工程竣工验收 3 个月内，向城建档案馆报送一套符合规定的建设工程档案。

A. 施工单位　　　B. 监理单位　　　C. 建设单位　　　D. 委托单位

⑤ 建设单位负责收集和整理（　　　　）文件，并应进行立卷归档。

A. 工程准备阶段　　　　　　　B. 施工阶段　　　　　　　　　　C. 监理阶段

D. 竣工验收阶段　　　　　　　E. 竣工验收备案阶段

21. 某工程是一大型市政工程，工程内容包括有特大桥梁一座，立交桥两座，道路 3km 多，人行天桥四处，各种地下管网 60km 多，建设单位是某投资公司。在 60km 的多地下管网工程建设过程中，根据《城市地下管线工程档案管理办法》的相关规定，请回答下列问题：

问：① 建设单位在申请领取建设工程规划许可证前，是否应当到城建档案管理机构查询施工地段的地下管线工程档案，取得该施工地段地下管线现状资料？（　　　　）（判断）

A. 是　　　　　　B. 否

② 在施工过程中，建设单位和施工单位如果未按规定查询和取得施工地段的地下管线资料而擅自组织施工，损坏地下管线给他人造成损失的，是否应该承担赔偿责任？（　　　　）（判断）

A. 是　　　　　　B. 否

③ 地下管线工程覆土前，建设单位是否应当委托具有相应资质的单位，按照《城市地下管线探测技术规程》（CJJ 61）进行竣工测量，形成准确的竣工测量数据文件和管线

工程图？（　　）

  A. 施工    B. 工程测量  C. 地形测量   D. 竣工    E. 测量

  ④ 建设单位在地下管线工程竣工验收备案前，应当向城建档案管理机构移交哪些档案资料？（　　）

  A. 地下管线工程项目准备阶段文件

  B. 监理文件、施工文件、竣工文件和竣工图

  C. 地下管线竣工测量成果

  D. 其他应当归档的文件资料（电子文件、工程照片、录像等）

  E. 工程质量监督检查站检查文件

  ⑤ 建设单位违反《城市地下管线工程档案管理办法》规定，未移交地下管线工程档案的，由（　　）主管部门责令改正，处 1 万元以上 10 万元以下的罚款。

  A. 档案    B. 建设    C. 国土    D. 测绘

# 四、参考答案

## 第1章 概　　述

### （一）单项选择题

1. A；2. B；3. C；4. D；5. A；6. D；7. C；8. A；9. A；10. C；11. B；12. C；
13. A；14. A；15. D；16. B；17. A；18. C；19. A；20. B；21. B；22. D；23. A；
24. A；25. C；26. A；27. A；28. A；29. A；30. A；31. B；32. B；33. B；34. B；
35. D；36. D；37. B；38. A；39. B；40. A；41. B；42. B；43. C；44. A；45. B；
46. D；47. C；48. A；49. B；50. B；51. A；52. D；53. D；54. B；55. C；56. B

### （二）多项选择题

1. ABCD；2. BC；3. ACE；4. ABDE；5. BC；6. ABC；7. BDE；8. AE；9. BC；
10. ABCD；11. BDE；12. AC；13. BCD；14. BCDE；15. ABDE；16. BCE；17.
ABC；18. CD；19. ABD；20. ABCD；21. ABDE；22. ABE；23. AC；24. AC；25.
BE；26. ABCE；27. BC；28. CE；29. BD；30. BD；31. ABCD；32. AE；33. AD；
34. CE 35. AC；36. BC；37. AD；38. CD；39. AE

### （三）判断题

1. A；2. B；3. A；4. B；5. A；6. B；7. B；8. B；9. A；10. B；11. B；12. B；
13. B；14. A；15. B；16. A；17. B；18. A；19. B；20. A；21. B；22. A；23. B；
24. B；25. B；26. A；27. A；28. B；29. A；30. A；31. A；32. B；33. A；34. A；
35. A；36. A；37. A；38. A；39. A；40. A；41. B；42. B；43. A；44. B；45. A；
46. A；47. B；48. A；49. A；50. A；51. A；52. A

## 第2章 工程准备阶段文件

### （一）单项选择题

1. A；2. A；3. D；4. A；5. C；6. A；7. A；8. C；9. B；10. B；11. A；12. B；
13. C；14. C；15. B；16. C；17. B

### （二）多项选择题

1. BC；2. ABC；3. ABDE；4. ABE；5. ABC；6. CDE；7. ABCE；8. BCD；

9. ABDE

### （三）判断题

1. A；2. B；3. A；4. B；5. A；6. A；7. A；8. A；9. A；10. B；11. A；12. B；
13. A；14. B；15. B；16. B；17. A

# 第3章　工程实施阶段文件

### （一）单项选择题

1. B；2. A；3. D；4. B；5. A；6. C；7. C；8. C；9. A；10. A；11. B；12. A；
13. C；14. A；15. A；16. A；17. D；18. A；19. A；20. C；21. B；22. A；23. A；
24. A；25. C；26. C；27. A；28. C；29. B；30. A；31. C；32. A；33. A；34. C；
35. A；36. D；37. D；38. A；39. C；40. B；41. C；42. D；43. C；44. A；45. B；
46. D；47. A；48. B；49. C；50. D；51. A；52. D；53. B

### （二）多项选择题

1. ABCD；2. ABCE；3. ABCD；4. ABCD；5. ABCD；6. ABCD；7. ABCD；
8. ABCD；9. ABCE；10. ABCD；11. ABC；12. ABCE；13. ABCD；14. ABCE；
15. ABCD；16. ABCD；17. ACDE；18. BCD；19. ABDE；20. BCDE；21. ACD；
22. ACD；23. BCE；24. ABC；25. ABCE；26. ACD；27. ABD；28. ABCE；
29. ACD；30. AB；31. ABD；32. ABC；33. ABDE；34. ABC；35. ABCE；
36. ABCD；37. ACDE；38. BCD；39. AB；40. ABCE；41. ABCD；42. BCD；
43. ABCD；44. ABC；45. ACDE；46. BD；47. ABCE；48. ACDE；49. BCDE；
50. ABDE；51. ACD；52. ABCE；53. BC；54. ACDE

### （三）判断题

1. A；2. A；3. B；4. A；5. A；6. A；7. B；8. A；9. B；10. A；11. A；12. B；
13. A；14. B；15. A；16. A；17. A；18. B；19. A；20. A；21. B；22. B；23. B；
24. A；25. A；26. B；27. A；28. A；29. B；30. B；31. A；32. B

# 第4章　工程竣工验收阶段文件

### （一）单项选择题

1. A；2. A；3. A；4. A；5. B；6. B；7. A；8. A；9. A；10. A；11. A；12.
A；13. B；14. A；15. D；16. C；17. C；18. A；19. C；20. B

### （二）多项选择题

1. ABCD；2. ABCD；3. ABCD；4. BCDE；5. BCD；6. ABCD

1. B；2. A；3. B；4. A；5. A；6. A；7. A；8. B；9. B

# 第5章　工程文件的质量

## （一）单项选择题

1. A；2. D；3. B；4. D；5. B；6. B

## （二）多项选择题

1. CD；2. BC；3. ABCD；4. ABCD；5. ABDE；6. BCDE；7. ABDE

## （三）判断题

1. A；2. B；3. A；4. B；5. B；6. B；7. A；8. A；9. B；10. B；11. A；12. A；
13. B；14. B

# 第6章　工程文件的积累与收集

## （一）单项选择题

1. C；2. D；3. A；4. A；5. A；6. D；7. A；8. D；9. C；10. D；11. C；12. A；
13. A；14. C

## （二）多项选择题

1. ADE；2. BDE；3. ABDE；4. ACDE；5. ACE；6. AE；7. ACD；8. DE；
9. ACD；10. ABCE；11. ABDE；12. ACDE；13. ACDE

## （三）判断题

1. B；2. A；3. A；4. B；5. B；6. A；7. A；8. B；9. B；10. A；11. B；12. B

# 第7章　工程文件的立卷

## （一）单项选择题

1. B；2. D；3. B；4. C；5. A；6. B；7. D；8. C；9. B；10. A；11. C；12. A；
13. B；14. A；15. A；16. C；17. D；18. A；19. D；20. B；21. B；22. C；23. D；
24. C；25. A；26. B；27. A；28. A；29. B；30. C；31. A；32. C；33. B；34. C；
35. C；36. A；37. D；38. B；39. D

## （二）多项选择题

1. ABC；2. ACDE；3. BCDE；4. ABCD；5. ABCE；6. ABCD；7. ACDE；8. ABE；9. ACD；10. ABCE；11. BCDE

## （三）判断题

1. B；2. B；3. A；4. A；5. A；6. B；7. B；8. B；9. A；10. B；11. B；12. B；13. A；14. B；15. B

# 第8章　工程文件的归档

## （一）单项选择题

1. D；2. A；3. A；4. C；5. A；6. D；7. C；8. A；9. C；10. B；11. B；12. C；13. A；14. C

## （二）多项选择题

1. ABDE；2. BCD；3. ACE；4. ABE；5. ACDE；6. BCE；7. BCDE；8. ABCD；9. BCE

## （三）判断题

1. B；2. B；3. B；4. A

# 第9章　工程档案的验收与移交

## （一）单项选择题

1. D；2. C；3. A；4. B；5. B；6. D；7. B；8. A；9. D；10. B；11. B

## （二）多项选择题

1. ABC；2. ABDE；3. BC；4. BCDE；5. ABE；6. BCD；7. ABCD；8. BCD；9. ABE；10. ABE；11. AE；12. DE；13. ABC；14. BCDE

## （三）判断题

1. A；2. B；3. B；4. B；5. B；6. B；7. B；8. B；9. A；10. A

# 案例分析题（不分章节）

1. ①ABD；②ABD；③C；④AC；⑤A

2. ①D; ②ABCD; ③C; ④ACDEF; ⑤BCDE
3. ①A; ②BCD; ③B; ④B; ⑤C
4. ①A; ②BD; ③ABCD; ④B; ⑤ABD
5. ①B; ②ABCD; ③ABCD; ④A; ⑤D
6. ①DE; ②C; ③ABCD; ④BCDE; ⑤ABCD
7. ①C; ②ABCE; ③C; ④A; ⑤ACD
8. ①BCDE; ②ABC; ③ACE; ④B; ⑤BCD
9. ①BDE; ②BE; ③ABDE; ④D; ⑤AD
10. ①ABDE; ②ABCE; ③CE; ④D; ⑤D
11. ①ABC; ②B; ③ABC; ④A; ⑤C
12. ①A; ②BC; ③B; ④D; ⑤C
13. ①B; ②B; ③B; ④AB; ⑤ABC
14. ①B; ②D; ③D; ④C; ⑤A
15. ①A; ②BD; ③B; ④ABD; ⑤AD
16. ①B; ②ABC; ③ABCD; ④BD; ⑤B
17. ①ACDE; ②C; ③ABC; ④BD; ⑤D
18. ①A; ②CD; ③B; ④D; ⑤AD
19. ①A; ②BDE; ③B; ④B; ⑤ABDE
20. ①B; ②A; ③CD; ④C; ⑤AD
21. ①A; ②A; ③BE; ④ABCD; ⑤B

# 第三部分

# 模 拟 试 卷

# 模 拟 试 卷

## 第一部分 专业基础知识

### 一、单项选择题

1. 城建档案定义的三个基本要素是：形成者、（    ）、载体形式的多样性。
A. 应当归档保存　　　　　　　B. 具有保存价值
C. 历史记录　　　　　　　　　D. 文件材料

2. 城建档案的本质属性是（    ）。
A. 原始记录性　　B. 社会性　　C. 知识性　　　　D. 价值性

3. 国务院于 1980 年 12 月批准的（    ），正式在国家法规中明确提出了大中城市应当建立城市基本建设档案馆。
A.《城市建设档案管理办法》　　B.《科学技术档案工作条例》
C.《城市建设档案管理规定》　　D.《城市建设档案条例》

4. 我国第一部全国性城市建设档案管理规章《城市建设档案管理暂行规定》，由（    ）颁布。
A. 国家档案局　　　　　　　　B. 国务院
C. 国家建设部　　　　　　　　D. 国家档案局、城乡建设环境保护部

5. 建设部《城市建设档案管理规定》第三条规定，县级以上地方人民政府（    ）行政主管部门负责本行政区域内的城建档案管理工作。
A. 档案　　　　B. 规划　　　　C. 建设　　　　D. 城建档案

6.《江苏省档案管理条例》第二十七条规定，中华人民共和国公民和组织凡持合法有效证件或者证明的，可以利用档案馆（    ）。
A. 所有的档案　　B. 已开放的档案　C. 未开放的档案　　D. 密级档案

7.《江苏省城建档案管理办法》第六条规定：县级以上人民政府建设行政主管部门的（    ）是集中管理城建档案的事业机构，负责本行政区域内城建档案的接收、收集、整理、保管和利用等业务工作，并对城建档案的形成、管理等工作进行技术业务指导。
A. 城建档案馆　　B. 城建档案室　　C. 城建档案馆（室）　　D. 档案室

8. 城建档案法律责任是指（    ）由于违反城建档案法律、法规的相关条款，按照城建档案法律、法规必须承担的法律后果。
A. 行为人　　　　B. 行为主体　　C. 法人　　　　　D. 责任人

9. 城建档案行政执法主体是（    ）
A. 县级以上建设行政主管部门　　B. 县级以上档案行政主管部门

C. 县级以上人民政府　　　　　　D. 县级以上城建档案管理机构

10. 档案资料之所以要实行集中统一管理，这是由档案的（　　）所决定的。

A. 性质　　　　B. 特点　　　　C. 作用　　　　D. 价值

11. 城建档案馆档案收集工作的途径，是对（　　）的各类城建档案进行接收。

A. 行政区内　　B. 规划区内　　C. 管理范围内　　D. 列入进馆范围

12. 城建档案分类的原则是（　　）。

A. 符合城建档案形成单位的性质和特点

B. 充分尊重和利用原有的整理结果

C. 根据文件材料的载体，选择和运用适当的分类方法

D. 遵循文件材料的形成规律，保持文件材料的有机联系

13. 城建档案收集是城建档案工作的（　　）和前提。

A. 手段　　　　B. 基础　　　　C. 准则　　　　D. 要求

14. 城建档案的分类应注重（　　）

A. 逻辑性　　　B. 客观性　　　C. 实用性　　　D. 规律性

15. 保存纸质档案的库房温度应控制在（　　）之间。

A. 17～20℃　　B. 13～15℃　　C. 14～24℃　　D. 14～20℃

16. 保存光盘档案的库房相对湿度应控制在（　　）之间。

A. 35%～45%　B. 40%～50%　C. 45%～60%　D. 40%～60%

17. （　　）是城建档案价值体现和最终目的。

A. 保管工作　　B. 利用服务工作　C. 编研工作　　D. 收集工作

18. 城建档案必备目录是（　　）。

A. 总目录　　　B. 专题目录　　C. 机读目录　　D. 全引目录

19. 鉴定城建档案是否具有保存价值和具有怎样的保存价值，取决于两个方面的因素：城建档案自身的特点和（　　）的需要。

A. 现实利用　　B. 社会利用　　C. 历史参考　　D. 法律凭证

20. 按检索工具的功能分，档案目录可分为（　　）。

A. 公开目录　　B. 卷内目录　　C. 内部目录　　D. 专题目录

21. 编写城建档案参考资料是一项（　　）工作。

A. 专业性　　　B. 经常性　　　C. 研究性　　　D. 管理性

22. 下列编研成果属于三次文献编研的是：（　　）

A. 城建档案馆指南　　　　　　B. 重点工程简介

C. 基础数字汇编　　　　　　　D. 城市建设年鉴

23. 利用效益事例的编写有时间、利用者、目的、（　　）、效果等五个不可缺少的要素。

A. 地点　　　　B. 过程　　　　C. 单位　　　　D. 形式

24. 储存数码照片档案应该采用（　　）为存储载体。

A. 光盘　　　　B. 只读式光盘　C. 硬盘　　　　D. 磁盘

25. 对数字信息资源长期保存的方法是多重备份和（　　）。

A. 硬件迁移　　B. 载体迁移　　C. 格式迁移　　D. 适时迁移

26. 对收集来的城建录像档案，首先要按（　　）进行分类。

A. 项目　　　　B. 年代　　　　C. 来源　　　　D. 载体

27. 存储电子文件的载体的包装盒上应贴有标签，标签内填写编号、名称、密级、保管期限、（　　）等。

A. 硬件及软件环境　B. 硬件名称　C. 载体　　　　D. 软件信息

28. 电子文件与其他数字信息的基本区别是（　　）。

A. 特定的用途　　　　　　　B. 特定的效力

C. 具有文件的属性　　　　　D. 特定的用途和效力

29. 采用灰度和彩色模式扫描的图像文件，应采用（　　）格式存储。

A. JPGE　　　　B. PSD　　　　C. GIF　　　　D. TIFF

30. 对于扫描常规的 3×5 寸照片来说，一般至少采用（　　）进行扫描。

A. 100～200dpi　B. 200～300dpi　C. 300～400dpi　D. 300～500dpi

31. 民用建筑的等级不包括（　　）

A. 耐久等级　　B. 抗震等级　　C. 耐火等级　　D. 工程等级

32. 下列关于房屋建筑的组成构造说法 B 的是（　　）

A. 墙（或柱）是垂直方向和水平方向的承重、围护构件；

B. 楼地层由楼层与地层组成既是水平承重构件又是竖向分隔构件；

C. 外界荷载由屋顶、楼层，通过板、梁、柱和墙传到基础，再传给地基；

D. 门窗中门起联系房间作用，窗的主要作用是采光和通风。

33. 平行投影中，投影线互相平行，并且与 H 投影面垂直的投影为（　　）

A. 斜投影　　　B. 正投影　　　C. 斜角投影　　D. 透视投影

34. 图样上的汉字采用国家公布实施的简化汉字，并宜写成（　　）。

A. 长仿宋字　　B. 宋体　　　C. 黑体　　　　D. 楷体

35. 建筑施工图中表示建筑物的主要结构构件位置的点划线称为（　　）。

A. 定位轴线　　B. 附加定位轴线　C. 基准线　　　D. 水平线

36. 立面图中反映出房屋主要的外貌特征的立面图称为（　　）。

A. 背立面图　　B. 侧立面图　　C. 正立面图　　D. 南立面图

37. 结构施工图的主要内容包括结构设计说明、（　　）和构件详图。

A. 基础平面图　　　　　　　B. 结构平面图

C. 楼层和屋面结构平面图　　D. 柱网平面图

38. 下列关于普通钢筋及预应力钢筋混凝土保护层厚度表述正确的是（　　）。

A. 混凝土保护层厚度即钢筋中心至混凝土表面的距离

B. 混凝土保护层厚度即钢筋外边缘至混凝土表面的距离

C. 预应力钢筋混凝土保护层厚度应小于钢筋的公称直径

D. 设计使用年限为 100 年的混凝土结构，最外层钢筋的保护层厚度不应小于 50 年的 1.4 倍

39. （　　）以建筑平面图为基础（建筑平面以细线画出）表明给水管道、用水设备、器材等平面位置的图样。

A. 室内给水平面图　　　　　B. 给水系统图

C. 节点详图　　　　　　　　　　　D. 室内排水平面图

40.（　　）表明管道在空间的曲折和交叉情形，可以看出上下关系，都用线条表示的图。

A. 通风管道的平面图　　　　　　　B. 通风管道的剖面图

C. 系统图　　　　　　　　　　　　D. 通风施工的详图

41. 关于道路工程施工图的路线纵断面图说法错误的是（　　）。

A. 纵断面图的水平方向表示路线的长度；

B. 纵断面图竖直方向表示设计线和地面的高程；

C. 在纵断面图中，道路的设计线用粗实线表示，原地面线用细实线表示；

D. 道路沿线的工程构筑物如桥梁、涵洞等，应在设计线的左方或右方用竖直引出线标注。

42. 桥跨结构是在路线中断时，跨越障碍的主要承载结构，称之为（　　）。

A. 上部结构　　　B. 中部结构　　　C. 下部结构　　　D. 附属结构

43. 有关桩柱式桥墩的表述 B 的内容是（　　）。

A. 墩身高度大于 6～7m 时，可设横系梁加强柱身横向联系

B. 桩柱式桥墩一般由承台、柱式墩身和盖梁组成

C. 我国常采用钻孔灌注桩双柱式桥墩

D. 当墩身桩的高度大于 2 倍的桩距时，通常就在桩柱之间布置横系梁，以增加墩身的侧向刚度

44. 竣工图最基本的特征是（　　）。

A. 记录工程变更　　　　　　　　　B. 隐蔽工程验收特征描述

C. 图纸会审记录　　　　　　　　　D. 图物相符

45. 下列情况应重新绘制改变后的竣工图，除了（　　）。

A. 工程项目、结构形式、工艺、平面布置等发生重大改变；

B. 完全按图施工，工程没有变动的；

C. 不宜再在原施工图上修改补充；

D. 修改内容超过 1/3 幅面的。

46.（　　）在原施工图上将不需要的线条用粗直线或叉线划去，重新编制竣工图的真实情况。

A. 杠划法　　　B. 刮改法　　　C. 贴图更改法　　　D. 注记修改法

47. 单位档案室收集档案工作的主要途径，是对（　　）形成的需要归档的各类档案进行接收归档。

A. 本单位　　　　　　　　　　　　B. 下属单位

C. 本单位和下属单位　　　　　　　D. 合作单位

48. 城建档案的保管期限规定为（　　）长期、短期三种。

A. 永久　　　　B. 定期　　　　C. 长久　　　　D. 限期

49.《中华人民共和国档案法实施办法》自（　　）起施行。

A. 1990 年 10 月 24 日　　　　　　B. 1990 年 11 月 19 日

C. 1999 年 6 月 7 日　　　　　　　D. 发布之日

50. 根据《城市建设档案管理规定》第十三条的规定，有关单位和个人涂改、伪造城建档案的由（　　）依法查处。

A. 档案行政主管部门　　　　　　　B. 建设行政主管部门

C. 城建档案管理部门　　　　　　　D. 人民政府

## 二、多项选择题

51. 城建档案定义包含的基本要素是（　　）。

A. 形成者　　　　B. 来源　　　　C. 具有保存价值　D. 载体形式多样　E. 历史记录

52. 城建档案的直接载体形式有（　　）等。

A. 视频　　　　　B. 数码　　　　C. 录像　　　　　D. 磁带　　　　　E. 硬盘

53. 城建档案业务指导的依据是（　　）。

A. 国家法规　　　B. 业务规范　　C. 技术标准　　　D. 规章制度　　　E. 内部文件

54.《江苏省城建档案管理办法》第二条第二款规定，本办法所称城建档案，是指在城市和乡镇规划、建设和管理活动中直接形成的，对国家和社会有保存价值的各种（　　）等不同载体形式的历史纪录，以及相关资料。

A. 文字　　　　　B. 图纸　　　　C. 图表　　　　　D. 声像　　　　　E. 影视

55.《中华人民共和国档案法》第五条规定，档案工作实行（　　）、（　　）的原则，维护档案完整与安全，便于社会各方面的利用。

A. 统一领导　　　　　　　　　　　B. 集中统一领导　　　　　　　　　C. 分级管理

D. 集中管理　　　　　　　　　　　E. 分成管理

56. 根据《城市建设档案分类大纲》（修订稿），城建档案分为（　　）大类、（　　）属类。

A. 17　　　　　　B. 18　　　　　C. 19　　　　　　D. 97　　　　　　E. 102

57. 市城建档案馆收集档案的范围包括（　　）。

A. 城市建设基础材料　　　　　　　B. 业务管理和业务技术档案

C. 房地产权属档案　　　　　　　　D. 地下管线档案资料

E. 城市建设声像档案材料

58. 档案著录的必要项目包括（　　）等。

A. 正题名　　　　　　　　　　　　B. 工程（项目）地址　　　　　　　C. 时间

D. 密级　　　　　　　　　　　　　E. 保管期限

59. 档案材料的加工工作，主要包括以下环节（　　）。

A. 转录　　　　　　　　　　　　　B. 校勘　　　　　　　　　　　　　C. 删节

D. 编写　　　　　　　　　　　　　E. 格式化处理

60. 下列编研成果属于一次文献型编研成果的有（　　）。

A. 建设文件汇编　　　　　　　　　B. 学术论文选编

C. 城建大事记　　　　　　　　　　D. 基础数字汇编

E. 地质勘查测量资料辑录

61. 城建存档照片的拍摄应该遵循的原则有（　　）。

A. 主题鲜明　　B. 曝光准确　　C. 自然摄取　　　D. 发挥想象　　　E. 修饰得当

62. 底片扫描的方法大致有（　　　）。

A. 扩印机扫描　　　　　　　　　B. 彩印机扫描　　　　　　　　C. 电分扫描

D. 光电扫描　　　　　　　　　　E. 扫描仪扫描

63. 电子档案具有以下特性（　　　）。

A. 原始性　　　　B. 完整性　　　　C. 有效性　　　　D. 安全性　　　　E. 多元性

64. 下列建筑工程等级属于特级工程等级的是（　　　）。

A. 国宾馆　　　　　　　　　　　B. 国家大会堂　　　　　　　　C. 高级宾馆

D. 国际会议中心　　　　　　　　E. 高级俱乐部

65. 关于尺寸标注说法 A 的是（　　　）。

A. 尺寸由尺寸线、尺寸界线、尺寸起止符号和尺寸数字四部分组成

B. 角度尺寸线以圆弧线表示，圆弧线的圆心应是该角度的顶点

C. 角的两个边作为尺寸界线，起止符号用箭头

D. 角度尺寸数字一律斜向书写

E. 角度尺寸数字一律水平书写

66. 基础平面图内容表述 A 的是（　　　）。

A. 只要画出基础墙、柱以及它们基础底面的轮廓线，至于基础的细部轮廓线都可以省略不画

B. 基础内留有孔、洞的位置用虚线表示

C. 用粗点划线表示基础梁的中心位置

D. 反映基础的定位轴线及编号，不需要与建筑平面图一致

E. 基础平面图表示出了基础墙、柱、垫层、孔洞及构件布置的平面关系

67. 下列属于电气照明施工平面图的内容的有（　　　）。

A. 配电箱的位置　　　　　　　　B. 线路的敷设方法

C. 建筑物的分层高度　　　　　　D. 屋顶防雷平面图

E. 室外接地平面图

68. 基本图是用来表明某项工程外部形状、内部构造以及相关联系的整体情况内容的图，（　　　）属于基本图。

A. 地形图　　　　　　　　　　　B. 路线图

C. 路线横断面图　　　　　　　　D. 路线平面图

E. 路线纵断面图

69. 有关竣工图与施工图区别的说法 A 的（　　　）。

A. 施工图是建设工程施工前产生的，是指导施工的依据

B. 竣工图是建设工程施工过程中形成的完全反映工程施工结果的图纸

C. 竣工图的编制必须一边施工，一边编制

D. 施工图是编制竣工图的基础

E. 施工时的设计变更、工程洽商记录等对施工图的修改不是编绘竣工图的依据

70. 竣工图编制工作，就是按照国家关于编绘竣工图的有关规定，在工程建设施工过程中对原施工图进行（　　　）的工作。

A. 注记　　　　　　　　　　　　B. 补充　　　　　　　　　　　C. 修改

D. 变更设计　　　　　　　　E. 按实际情况重新绘制

## 三、判断题

71. 原始记录性是城建档案的重要属性，它决定了城建档案与其他文献资料有着明显的联系。　　　　　　　　　　　　　　　　　　　　　　　　　　（　　　）

72. 城建档案的凭证作用，是由城建档案的形成载体材料所决定的。（　　　）

73. 维护城建档案的完整、准确、系统是城建档案管理的一般要求。（　　　）

74. 《江苏省城建档案管理办法》第六条规定：县级以上人民政府建设行政主管部门的城建档案馆（室），是集中管理城建档案的事业机构，负责本行政区域内城建档案的接收、收集、整理、保管和利用等业务工作，并对城建档案的形成、管理等工作进行技术业务指导。　　　　　　　　　　　　　　　　　　　　　　　　　　　　（　　　）

75. 根据《江苏省城建档案管理办法》第十八条第一款的规定：各单位自行保管的城建档案，在建筑物、构筑物产权转让时，无需同时移交。　　　　　　（　　　）

76. 保持城建文件之间的内在联系，是整理城建档案的主要目的。（　　　）

77. 大事记的特点是内容上记载大事，文体上记而不评，编写方法以时间为线索，并且比较简练。　　　　　　　　　　　　　　　　　　　　　　　　　　（　　　）

78. 适当经过修改的数码照片也可以归档。　　　　　　　　　　（　　　）

79. 需要长期保存的电子文件，应当把归档电子文件与相应机读目录存在同一载体上。　　　　　　　　　　　　　　　　　　　　　　　　　　　　　　（　　　）

80. 利用斜投影原理，物体正放能获得物体某个方向的真实形状和大小的图形。
　　　　　　　　　　　　　　　　　　　　　　　　　　　　　　（　　　）

81. 一个会签栏不够用时，可另加一个，两个会签栏应并列；没有不设会签栏的图纸。　　　　　　　　　　　　　　　　　　　　　　　　　　　　　　（　　　）

82. 结构平面图的定位轴线必须与建筑平面图一致。　　　　　　（　　　）

83. 排水系统图主要反映卫生洁具、排水管材、器材的平面位置、管径以及安装坡度要求等内容。　　　　　　　　　　　　　　　　　　　　　　　　　　（　　　）

84. 百米桩宜标注在路线前进方向的左侧。　　　　　　　　　　（　　　）

85. 竣工图最基本的特征是图物相符。　　　　　　　　　　　　（　　　）

86. 编制竣工图会产生变更不修改或修改不完全的问题。　　　　（　　　）

## 四、案例分析题

87. 某体育馆项目隐蔽工程照片档案归档，怎样科学保存，试回答下列问题：

(1) 该照片档案的类别代号（　　　）。

A. E　　　　　　B. G　　　　　　C. J　　　　　　D. R

(2) 该照片档案是否可与该工程竣工图存放在同一柜橱（　　　）。

A. 可以　　　　　B. 不可以

(3) 为使照片档案的安全保存，保管温度为（　　　）。

A. 14～24℃　　B. 13～25℃　　C. 14～25℃　　D. 15～25℃

(4) 保管湿度为（　　　）。

A. 35%～45%　　B. 40%～60%　　C. 45%～60%　　D. 45%～65%

88. 某工程基础详图如下图所示，该详图由平面图和剖面图组成。

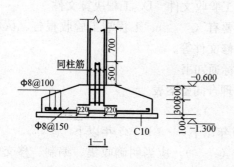 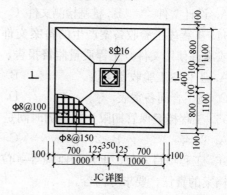

1—1

JC详图

(1) 该工程采用的基础形式为（　　）。

A. 条形基础　　　B. 独立基础　　　C. 筏板基础　　　D. 复合基础

(2) 剖面图 1-1 的投影方向为（　　）。

A. 从左向右　　　B. 从右向左　　　C. 从上向下　　　D. 从下向上

(3) 该基础尺寸为（　　）。

A. 2200mm×2000mm×600mm　　　B. 2200mm×2400mm×600mm

C. 2200mm×2000mm×700mm　　　D. 2200mm×2400mm×700mm

(4) 基础底面标高为（　　）。

A. －0.600　　　B. －0.900　　　C. －1.200　　　D. －1.300

# 第二部分　专业管理实务（共 90 分）

**一、单项选择题（以下各题的备选答案中都只有一个是最符合题意的，请将其选出，并在答题卡上将对应题号后的相应字母涂黑。每题 1 分，共 30 分。）**

89. 工程文件（　　）转化为工程档案

A. 全部　　　B. 部分　　　C. 有价值的　　　D. 极少数

90. 工程档案内容的专业性是由（　　）决定。

A. 工程档案管理专业性

B. 工程档案形成专业的多源性

C. 工程档案载体的多样性

D. 工程档案产生的规律性

91. 工程施工许可证由（　　）签发。

A. 规划行政主管部门　　　　　B. 国土行政主管部门

C. 建设行政主管部门　　　　　D. 政府行政服务中心

92. 分部（子分部）工程质量验收应按专业性质、建筑部位确定，建筑与结构工程划分为地基与基础、（　　）建筑装饰装修、建筑节能和建筑屋面等 5 个分部。

A. 主体结构　　　B. 建筑设计　　　C. 工程勘察　　　D. 水文勘察

93. 施工组织设计编制依据是（    ）施工图纸、施工现场条件，资源供应情况等，用以指导其施工全过程各项施工活动的技术、经济、组织、协调和控制的综合性文件。

    A. 设计文件　　　　B. 桩基检测文件　C. 竣工验收文件　D. 工程决算文件

94. 工程竣工验收备案产生的备案文件主要有（    ）、工程竣工验收报告、认可文件（或准许使用文件）工程质量监督报告、保修文件等。

    A. 工程竣工验收备案表　　　　　　B. 中标通知书

    C. 施工合同备案表　　　　　　　　D. 监理合同备案表

95. 工程档案保管期限为短期的时间是（    ）。

    A. 20 年　　　　　B. 25 年　　　　　C. 20 年以下　　　D. 25 年以下

96. 工程项目发包、承包和监理等单位在（    ），应当明确收集、编制、移交建设工程档案的责任、要求等内容。

    A. 签订建设工程合同时　　　　　　B. 领取施工许可证

    C. 领取规划许可证　　　　　　　　D. 工程招投标

97. 《江苏省城建档案管理办法》第二条第一款规定：在本省行政区域（    ）、管理、利用城建档案的单位和个人，应当遵循本办法。

    A. 产生　　　　　B. 形成　　　　　C. 接收　　　　　D. 收集

98. 《江苏省城建档案管理办法》第九条规定：应当由城建档案馆（室）接收的城建档案，建设工程在工程项目竣工（    ）移交。

    A. 竣工验收后立即　　　　　　　　B. 竣工验收后三个月内

    C. 竣工验收后六个月内　　　　　　D. 竣工验收后一年内

99. 有关单位和个人损毁、丢失、涂改或者伪造城建档案的由（    ）部门依法查处。

    A. 县级以上档案行政管理　　　　　B. 县级以上建设行政管理

    C. 县级以上城建档案管理　　　　　D. 县级以上人民政府

100. 监理单位应当及时收集、整理在工程建设监理过程中形成的档案，并在竣工验收前移交（    ）。

    A. 城建档案部门　B. 建设单位　　　C. 施工单位　　　D. 建设管理部门

101. 新建、改建、扩建、迁建和恢复建设的房屋建筑，房产管理部门在审核颁发房屋权属证明时，应当核验（    ），并列入房产产权产籍档案。

    A. 建设工程档案验收证明　　　　　B. 建设工程档案报送责任书

    C. 建设工程档案专项验收证明　　　D. 建设工程档案接收证明

102. 地下管线工程竣工验收前，建设单位应当提请（    ）对地下管线工程档案进行专项预验收。

    A. 规划管理部门　　　　　　　　　B. 档案管理部门

    C. 市政工程管理机构　　　　　　　D. 城建档案管理机构

103. 工程文件积累和收集要上与（    ）同步。

    A. 专业　　　　　B. 阶段　　　　　C. 过程　　　　　D. 文件形成

104. 各承包单位将各自形成的工程文件，整理汇总后分别向（    ）单位移交。

    A. 监理　　　　　B. 总包　　　　　C. 建设　　　　　D. 施工

105. 立卷的工程文件只能用复印件时，应加盖（　　）。

A. 施工项目经理部章　　　　　　　　B. 编制单位公章

C. 项目监理部章　　　　　　　　　　D. 产生文件的原单位公章

106. （　　）工程文件的单位和相关责任人应对工程文件的真实性和有效性负责。

A. 编制　　　　　B. 形成　　　　　C. 收集　　　　　D. 建设

107. 施工单位室外工程施工形成室外安装施工文件和（　　）施工文件。

A. 雨水　　　　　B. 照明　　　　　C. 消防　　　　　D. 室外建筑环境

108. 建筑安装工程竣工图一般分为（　　）和专业竣工图。

A. 综合竣工图　　　　　　　　　　　B. 室外专业竣工图

C. 建筑竣工图　　　　　　　　　　　D. 结构竣工图

109. 施工用的大型机械（如塔吊）在开工前由施工单位向项目监理部报送有关技术资料和（　　）等。

A. 安装方案　　　B. 安装情况说明　　C. 操作人员证件　　D. 操作人员一览表

110. 建筑施工企业项目经理须获得安全生产考核合格证书（　　），并作为施工组织设计的附件，在开工前报送项目监理部。

A. A　　　　　　B. B　　　　　　　C. C　　　　　　　D. D

111. 分项工程检验批质量报验要求，第一道程序是（　　）自检合格。

A. 质检员　　　　B. 安全员　　　　C. 班组　　　　　D. 施工员

112. 玻璃幕墙施工，施工单位应当报送的幕墙工程质量控制方面的资料有（　　）、检验报告和复验报告。

A. 材料一览表　　　　　　　　　　　B. 幕墙抗风性能鉴定

C. 材料检测意见　　　　　　　　　　D. 材料质量证明书

113. 图纸变更记录包括图纸会审、（　　）、工程洽商。

A. 设计变更　　　B. 图纸修改意见　　C. 设计交底　　　D. 设计评定

114. 竣工图的编制单位通常是（　　）单位。

A. 建设　　　　　B. 保管　　　　　C. 施工　　　　　D. 设计

115. 施工中用于市政基础设施工程的原材料、成品、半成品、构配件及设备主要有（　　）方面。

A. 18　　　　　　B. 20　　　　　　C. 25　　　　　　D. 16

116. 如果归档的工程文件原件只有一份，原则上应保存在（　　）。

A. 建设单位　　　B. 监理单位　　　C. 城建档案馆　　D. 施工单位

117. （　　）负责组织、监督和检查勘察设计、施工、监理等单位的工程文件的形成、积累和立卷归档工作。

A. 监理单位　　　B. 城建档案馆　　C. 建设单位　　　D. 档案主管部门

118. 建设行政主管部门在办理（　　）时，应当查验工程档案认可文件。

A. 竣工档案验收　　　　　　　　　　B. 工程竣工预验收

C. 施工许可证　　　　　　　　　　　D. 工程竣工验收备案

## 二、多项选择题

119. 建设工程项目按建设规模可分为（　　）工程项目。

A. 中型　　　　　B. 简单　　　　　C. 大型　　　　　D. 复杂　　　　　E. 小型

120. 工程档案具有形成的多源性、内容的专业性、种类的多样性、（　　）管理的动态性。

A. 载体的多样性　　　　　　　　B. 积累的周期性

C. 项目的成套性　　　　　　　　D. 产生的程序性

E. 来源的多元性

121. 规划设计条件通知书是城市规划主管部门对工程项目规定了用地性质、（　　）、交通出口方位、停车泊位及其他要配套的公共设施等应遵守的条件。

A. 建筑密度　　　B. 建筑控制高度　C. 招标申请　　　D. 容积率　　　E. 绿地率

122. 隐蔽工程检查包括：（　　），给水、排水及采暖工程隐检，电子工程隐检，通风与空调、电梯工程隐检，智能建筑工程隐检，市政工程隐检等。

A. 地基基础工程隐检　　　　　　B. 主体结构工程隐检

C. 建筑装饰装修工程隐检　　　　D. 屋面工程隐检

E. 试桩记录

123. 设计变更通知单的内容包括（　　）、变更理由、变更通知时间、变更内容和建设（监理）、设计、施工单位的签字栏等。

A. 专业名称　　　　　　　B. 设计单位名称　　　　　　　C. 变更项目

D. 开工日期　　　　　　　E. 工程名称

124. 报送监理的施工分包资质资料包括（　　）单位资质资料。

A. 总包　　　　　B. 分包　　　　　C. 供货　　　　　D. 试验　　　　　E. 监理

125. 图纸会审记录应由（　　）单位各保存一份。

A. 建设　　　　　　　　　B. 设计　　　　　　　　　C. 施工

D. 监理　　　　　　　　　E. 城建档案馆

126. 总图是指建设工程的建设位置图和设计总说明书，一般包括（　　）。

A. 综合图　　　　　　　　B. 总平面布置图

C. 竖向布置图　　　　　　D. 设计总说明

E. 地下综合图

127. 地下管线工程是指城市地下管网和（　　）供电、电信、信息网、军事、工业等专用管线。

A. 给水　　　　　B. 排水　　　　　C. 供气　　　　　D. 供热　　　　　E. 建筑排水

128. 工程竣工验收文件包括（　　）。

A. 单位（子单位）工程质量评定表

B. 单位（子单位）工程质量竣工验收记录

C. 单位（子单位）工程质量控制资料核查记录

D. 单位（子单位）工程安全和功能检验资料核查记录

E. 单位（子单位）工程观感质量检查记录

129. 工程文件的质量从其内容来说，主要表现为工程文件及图纸的（　　）。

A. 成套性　　　　B. 程序性　　　　C. 完整性　　　　D. 真实性　　　　E. 过程性

130. 工程文件外观质量应达到（　　）的规范标准

A. 字迹清晰　　　B. 图表整洁　　　C. 耐久性强　　　D. 图样清晰　　　E. 手续完备

131. 工程文件积累要有针对性，具体应注意在（　　）上的针对性。

A. 内容　　　　　B. 阶段　　　　　C. 过程　　　　　D. 协调　　　　　E. 时间

132. 工程文件积累与收集范围应遵循完整性原则，包括工程文件的（　　）的完整性。

A. 机构源　　　　B. 文件源　　　　C. 程序源　　　　D. 活动源　　　　E. 时间源

133. 工程文件积累与收集的措施可以有（　　）等。

A. 分阶段、按专业和按单位工程进行　　B. 分班组进行

C. 不同形式的工程文件同时收集　　　　D. 实行统一保管

134. 工程文件组卷必须符合档案科学管理的基本要求，使其便于（　　）。

A. 保管　　　　　B. 保密　　　　　C. 利用　　　　　D. 装订　　　　　E. 收集

135. 工程文件立卷的方法有（　　）。

A. 按建设程序立卷　　　　　　B. 按时间立卷

C. 按专业立卷　　　　　　　　D. 按阶段立卷

E. 按分部工程立卷

136. 工程文件的具体归档范围应达到（　　）。

A. 符合《建设工程文件归档整理规范》要求

B. 符合建设单位要求

C. 符合当地城建档案馆的要求

D. 符合《建筑工程施工质量验收统一标准》

E. 符合本工程项目建设实际

137. 按建设程序和工程特点，工程文件归档可以分为（　　）。

A. 复杂工序完成后归档　　　　B. 分阶段分期归档

C. 分部工程完成后归档　　　　D. 分项工程完成后归档

E. 单位工程竣工后归档

138. 工程档案预验收检查内容包含（　　）等。

A. 工程文件构成完整　　　　　B. 编制竣工图达标工程

C. 文件形式规范　　　　　　　D. 工程文件材质合格

E. 案卷编制达标

## 三、判断题

139. 报送工程档案是否为原件，要由建设单位与城建档案馆协商。　　　　（　　）

140. 工程文件的签证可以用公章代替签字，或以签字代替公章。　　　　（　　）

141. 变更工程量中包含设计变更、建设单位变更和合同工程量清单之外增加或扣减的工程量，监理工程师应将变更通知单作为变更工程量计量的重要依据之一。　　（　　）

142. 有关原材料、成品、半成品、构配件及设备技术文件进场材料凡是复试不合格

的，应按原标准规定的要求再次进行复试，再次复试的结果合格方可认为该批材料合格，两次报告必须同时归入施工技术文件。（　　）

143. 向城建档案馆（室）移交的工程档案应当完整准确、图形清晰、字迹工整，有利于长效保存。（　　）

144. 施工单位自检可以代替单位（子单位）工程质量竣工验收。（　　）

145. 竣工图章（签）是把原施工图改变为竣工图的标志，竣工图章（签）是工程竣工的依据，要按规定填写图章（签）上各面内容。编制单位、编制人、技术负责人要对本竣工图负责。（　　）

146. 城市规划主管部门核发的"一书两证"是指建设项目选址意见书、建设用地规划许可证和建设工程规划许可证。（　　）

147. 建设工程声像档案主要类型有：工程照片、工程录像带和工程录音带。（　　）

148. 工程照片整理一般应当注明事由、时间、地点、人物、背景和拍摄者等内容。（　　）

149. 国务院通过的城乡规划、档案等法律，工程档案管理必须遵守。（　　）

150. 工程文件不得随意修改，这是一条重要基本原则。（　　）

151. 没有建设工程施工许可证的建设工程项目均属违章建筑，不受法律保护。（　　）

152. 所有工程项目立项文件中都应有项目建议书。（　　）

153. 工程项目设计阶段形成的文件中应有施工图及其说明。（　　）

154. 功能性试验文件由试验单位汇总并整理，经建设、监理、施工单位检验并签署意见。（　　）

155. 确保桩基工程质量须按设计要求和相关规范对桩基检测，检测单位进行桩基的完整性和承载力检测，通常采取动载荷、静载荷试验。试验后出具桩基检测报告。（　　）

156. 检验批是工程验收的最小单位，是分项工程乃至整个建筑工程质量验收的基础。（　　）

157. 工程检查是指在施工过程中对各专业、各工序、各环节的工程质量进行控制检查，主要形成预检记录、隐蔽工程检查记录和交接检查记录。（　　）

158. 编制案卷内文件页号是将卷内工程文件的页面都编上号。（　　）

## 四、综合题

（一）某市新建一条贯穿城市东西，宽 40 米的主干道，跨穿京沪铁路、大运河，穿越京沪高速公路。该建设工程项目由具有一级资质的某市市政建设工程总公司中标承建，该市的市政建设监理有限公司负责监理。

问题一：市政基础设施工程产生的施工文件有多少方面？请例举不少于 4 个方面的内容。

① 施工文件有（　　）方面。

A. 10　　　　　B. 9　　　　　C. 11　　　　　D. 12

② 例举不少于 4 个方面的内容（　　）。

A. 设计变更洽商记录　　　　　B. 竣工图

C. 功能性试验记录　　　　　　　D. 竣工测量资料

E. 室外环境工程施工记录

问题二：根据所给背景资料，施工单位形成的、应当归档保存的工程竣工图至少有几种？并请具体说明。

③ 保存的竣工图有（　　　）种。

A. 6　　　　　　　B. 4　　　　　　C. 5　　　　　　　D. 3

④ 具体说明不少于4种竣工图的名称（　　　）。

A. 道路工程　　　B. 涵洞工程　　　C. 隧道工程　　　D. 桥梁工程　　　E. 排水工程

F. 供水、供气、电力、电讯等地下管线工程

⑤ 城市桥梁工程竣工图包括（　　　）。

A. 隧道　　　　　B. 普通桥梁　　　C. 立交桥　　　　D. 人行过街桥　　E. 管道桥

（二）某市某公司办公大楼即将竣工，城建档案馆在现场进行检查和业务指导，建设单位提出如下问题：

问题一：建设单位认为施工单位应负责全部工程文件的整理立卷工作，你认为对吗？

① 下列说法 A 的是（　　　）。

A. 施工单位应负责全部工程文件的整理立卷工作

B. 监理单位应负责全部工程文件的整理立卷工作

C. 建设单位应负责全部工程文件的整理立卷工作

D. 文件形成单位应负责本单位形成的工程文件的整理立卷工作

E. 建设单位负责向城建档案馆移交项目工程档案

② 工程准备阶段文件中的工程地质勘查报告的立卷单位应为（　　　）。

A. 建设单位　　　B. 设计单位　　　C. 勘测单位　　　D. 施工单位

问题二：建设单位认为工程档案属本公司所有，原件应由建设单位保管，不应向城建档案馆移交。

③ 向城建档案馆报送竣工档案须原件的原因是（　　　）。

A. 城建档案馆是国家专业档案馆，是永久保存建设档案的基地

B. 城建档案馆有符合国家规范要求的专门馆房，原件在城建档案馆能得到科学的保管

C. 城建档案馆馆藏档案，面向社会提供服务，只有原件才能发挥凭证和依据作用

D. 《建设工程文件归档整理规范》要求

E. 建设单位没有永久保存建设档案的能力

问题三：建设单位认为只要工程竣工后工程档案能够归档移交，建设过程中工程文件的积累和收集就不重要。

④ 文件的积累和收集直接关系到工程文件的数量和质量，关系到工程档案的保存价值和有效利用。工程文件的积累和收集要求有（　　　）。

A. 文件收集的成套性　　　　　　B. 文件数量的完整性

C. 文件积累的针对性　　　　　　D. 文件内容的真实性

E. 文件收集的及时性

⑤ 如何确定文件的积累和收集的范围（　　　）。

A. 遵循完整性、成套性、目的性和价值性等原则

B. 参照《建设工程文件归档整理规范》

C. 参照《建设工程文件归档范围和保管期限表》

D. 结合工程实际

E. 工程建设中形成所有文件都应积累和收集

（三）某市新建一条快速路，是城市内环线的一部分，采用地面和高架相结合的形式。项目共分为六个施工标段，一个监理标段。现所有施工标段工程已完工，工程档案也都基本编制完成。城建档案馆业务人员在对该工程项目的竣工档案编制的检查中，发现如下问题：

问题一：各施工标段中大多包含地面道路、地面桥梁和高架道路，地面道路还包含各类地下管线，但是施工单位整理工程文件时，没有按单位（子单位）工程立卷，地面道路、各类地下管线、地面桥梁和高架桥的工程文件没有分开整理。

① 现行的有关市政工程档案的业务标准有（　　　　）。

A. 《建设工程文件归档整理规范》

B. 《城镇道路工程施工与质量验收规范》

C. 《建筑工程施工质量验收统一标准》

D. 《城市桥梁工程施工与质量验收规范》

E. 《给水排水管道工程施工及验收规范》

② 各施工标段中可能包含的单位工程有（　　　　）。

A. 道路　　　　　B. 高架桥　　　　　C. 桥梁　　　　　D. 隧道　　　　　E. 排水

问题二：案卷的编目还存在一些问题：案卷题名拟写不准确、页号编制不 A、档案馆代号及档号的填写有错等。

③ 下列案卷题名 A 的是（　　　　）。

A. ××快速路道路工程验收记录

B. ××快速路一标段排水工程验收记录

C. ××快速路一标段道路工程基础分部检验批验收记录

D. ××快速路一标段道路工程验收记录

E. ××快速路一标段排水工程竣工图

④ 档号、档案馆代号由（　　　　）填写。

A. 建设单位　　　B. 施工单位　　　C. 形成单位　　　D. 保管单位

⑤ 如果一张 A4 纸上粘贴了 4 张合格证，则该页面应该给（　　　　）个页号。

A. 1　　　　　　B. 2　　　　　　C. 3　　　　　　D. 4

（四）某工程是一大型市政工程，工程内容包括有特大桥梁一座，立交桥两座，道路 3km 多，人行天桥四处，各种地下管网 60km 多，建设单位是某投资公司。在 60km 的多地下管网工程建设过程中，根据《城市地下管线工程档案管理办法》的相关规定，请回答下列问题：

问：① 建设单位在申请领取建设工程规划许可证前，是否应当到城建档案管理机构查询施工地段的地下管线工程档案，取得该施工地段地下管线现状资料？（　　　　）（判断）

A. 是　　　　　　　B. 否

② 在施工过程中，建设单位和施工单位如果未按规定查询和取得施工地段的地下管线资料而擅自组织施工，损坏地下管线给他人造成损失的，是否应该承担赔偿责任？（　　）（判断）

　　A. 是　　　　　　　B. 否

③ 地下管线工程覆土前，建设单位是否应当委托具有相应资质的单位，按照《城市地下管线探测技术规程》(CJJ61)进行竣工测量，形成准确的竣工测量数据文件和管线工程图？（　　）

　　A. 施工　　　　　B. 工程测量　　　C. 地形测量　　　D. 竣工　　　E. 测量

④ 建设单位在地下管线工程竣工验收备案前，应当向城建档案管理机构移交哪些档案资料？（　　）

　　A. 地下管线工程项目准备阶段文件

　　B. 监理文件、施工文件、竣工文件和竣工图

　　C. 地下管线竣工测量成果

　　D. 其他应当归档的文件资料（电子文件、工程照片、录像等）

　　E. 工程质量监督检查站检查文件

⑤ 建设单位违反《城市地下管线工程档案管理办法》规定，未移交地下管线工程档案的，由（　　）主管部门责令改正，处 1 万元以上 10 万元以下的罚款。

　　A. 档案　　　　　B. 建设　　　　　C. 国土　　　　　D. 测绘